Más allá de la sensatez

EL PENSAMIENTO DE C.S. LEWIS

Manfred Svensson

editorial clie

EDITORIAL CLIE
C/ Ferrocarril, 8
08232 VILADECAVALLS
(Barcelona) ESPAÑA
E-mail: libros@clie.es
http://www.clie.es

© Manfred Svensson

«*Cualquier forma de reproducción, distribución, comunicación pública o transformación de esta obra solo puede ser realizada con la autorización de sus titulares, salvo excepción prevista por la ley. Diríjase a CEDRO (Centro Español de Derechos Reprográficos, www.cedro.org <http://www.cedro.org>) si necesita fotocopiar o escanear algún fragmento de esta obra*».

© 2011 Editorial CLIE

El pensamiento de C. S. Lewis . *MÁS ALLÁ DE LA SENSATEZ*
ISBN: 978-84-8267-575-6
Depósito Legal: NA-2048/2011
Filosofía
Pensamiento Cristiano
Referencia: 224743

Impreso en USA / *Printed in USA*

A mi familia

ÍNDICE

Introducción 9
1. Más allá de la sensatez 9
2. Luz en la tierra de sombras 10
3. Ética y política en la tradición del «viejo hombre occidental» 14

El lenguaje y la racionalidad 19
1. Defendiendo la razón 19
2. El verbicidio 25
3. La prensa y la opinión 29

El progreso y la visión lewisiana de la historia 33
1. Entre progresismo y crítica de la civilización 33
2. Salvando el sentido del progreso 39
3. El gran vuelco y la visión lewisiana de la historia 41

Manipulación y abolición del hombre 49
1. Las utopías pesimistas 49
2. Sentimientos y razón en la educación 51
3. La ética tradicional en la encrucijada 54
4. Relativismo y poder 59

Críticas y defensas de la ley natural 63
1. El cálculo de consecuencias: ¿ética del político? 63
2. La ley natural 66
3. Ecología y naturaleza humana 71
4. *Puritania*, el trabajo en común y la objeción
   protestante contra la ley natural 73

La religión de Lewis 81
1. La crítica moderna a la religión 81
2. Lo milagroso, lo racional y la historia 84

3. El deseo y la alegría 89
4. De la moral a Dios, ¿y vuelta? 92

Lewis y las tradiciones cristianas 97

1. ¿Qué es «mero cristianismo»? 98
2. Lewis entre católicos y protestantes 101
3. Lewis entre liberales y fundamentalistas 106
4. Un anglicano «ni muy alto ni muy bajo» 110
5. La unidad deseada 114

Comunidad 117

1. El individualismo y el valor de la persona 117
2. Comunidad y amistad 119
3. El círculo interior 125
4. El amor, la fidelidad y el «derecho a ser felices» 128

Las formas del saber 133

1. Ciencia, cientificismo y ciencias sociales 133
2. La clasificación antigua del saber 138
3. Artes liberales y educación 142
4. Crítica literaria y postmodernismo 148

Miscelánea práctica: de la guerra a la cortesía 153

1. El «conservadurismo» de Lewis 153
2. Castigar a los criminales y atacar a los hostiles:
   por qué Lewis no fue un pacifista 155
3. La economía 162
4. Igualdad y democracia 166
5. La cortesía 170

Contra el encierro: ni en el yo ni en la iglesia 173

1. El orgullo humano y el amor ordenado 173
2. La comunidad cristiana y la comunidad política 180

Bibliografía 185

Obras de C. S. Lewis 187

Obras citadas de otros autores 189

Nota preliminar

El presente libro es una versión sustancialmente modificada de *Ética y política: una mirada desde C. S. Lewis* (CLIE, 2005). La segunda edición de un libro no sólo es una buena oportunidad para corregir o eliminar aquello de lo que el autor se avergüenza, sino también para repensar el tipo de público al que se dirige. Como resultado, este libro no se dirige tan exclusivamente a un público protestante como la edición anterior, sino que espero que se haya adecuado tanto a un público no creyente como a un público católico. No espero, desde luego, que se haya «adecuado» en el sentido de hacerse más inofensivo, sino más interesante. Con eso, por cierto, simplemente sigo la tendencia natural del objeto del libro: C. S. Lewis, un escritor que siendo anglicano ha sido —tal vez más que cualquier otro autor de dicha tradición— leído ávidamente fuera de su propia iglesia. Con eso en mente han aparecido algunos capítulos nuevos y la mayoría de los que se mantienen han sido reescritos total o parcialmente. Tal vez lo único que merecía mantenerse sin cambio era la dedicatoria a Carolina y a mis padres. Pero como entretanto se han sumado Félix, Tobías y Linnéa, lo dejo simplemente en «a mi familia».

Introducción

1. Más allá de la sensatez

C. S. Lewis es un autor hoy conocido por obras como *Las crónicas de Narnia*, obras profundas pero sencillas, que pueden ser comprendidas por los niños e incluso por algunos adultos —no escribía para niños, sino para los que son como niños. Pero no siempre fue así lo que escribió. Tras su conversión al cristianismo en 1932, la primera obra que publicó fue *El regreso del peregrino. Una apología alegórica del cristianismo, la razón y el romanticismo*. Y ésta no es una obra de fácil lectura. La lectura y comprensión de *El regreso del peregrino* es ardua, ella misma un peregrinaje. En medio de éste nos encontramos con un tal Mr. Sensible. Su nombre, por cierto, no debería ser traducido como «Mr. Sensible», sino como «Mr. Sensato». Este Sr. Sensato es un hombre que simplemente quiere todo en su justa medida —en eso consiste su sensatez. Un hombre que quiere, por ejemplo, cultura, pero sin los excesos de una filosofía que pregunta seriamente por la verdad. Y para fundamentar su moderación cita una clásica definición de Aristóteles, según la cual la virtud es un justo medio. Sólo evitar posiciones extremas, en eso consiste la sabiduría del Sr. Sensato. Pero otro de los personajes, Vertue, lo interrumpe y corrige, recordándole que según Aristóteles la virtud es un justo medio entre los vicios, igualmente apartado de ambos, pero que al mismo tiempo es algo extremo en dirección al bien. Nace de ahí una moderación radicalmente distinta. No sólo hay que huir de los extremos, sino también hay que buscar cierto bien. Y respecto de tal bien hay que ser extremo, pues *no puede haber exceso de bien*.

C. S. Lewis no fue un hombre «sensato». Representa por supuesto a una tradición de moderación. En su época podría haberse jactado, como cualquier Sr. Sensato, de no haber militado en ninguno de los extremos del espectro ideológico. Pero hizo más que eso. Seguía al Aristóteles de Vertue más que al del Sr. Sensato. Veía que para mantener sobre la tierra una vida *humana* no basta con huir de los extremos. Sea que nos dirijamos a los juicios morales y políticos de Lewis, o a sus ensayos sobre el amor o la literatura, nos encontraremos con lo mismo: con un autor que por una parte es moderado, que sabe de qué extremos debemos apartarnos, pero que a la vez no retrocede ante algunas convicciones que pueden parecer duras, porque en dirección al bien conviene ir lejos. Esa consecuencia es lo que disgustaba al Sr. Sensato, quien se queja en los siguientes términos: «La sensatez es ligera, la razón es dura. La sensatez sabe dónde detenerse con graciosa inconsistencia, mientras que la razón sigue como esclava una abstracta lógica sin saber hacia dónde la llevará»[1]. Lewis efectivamente estaba dispuesto a seguir dicha lógica, dondequiera que lo llevara —pero la de él no era nada de abstracta, sino encarnada en obras literarias de las que la mera sensatez es incapaz.

2. Luz en la tierra de sombras

¿Pero quién fue este C. S. Lewis? La película *Tierra de sombras* nos da una imagen bastante correcta de su vida, en cuanto nos lo presenta ante todo como un catedrático. Como Lewis es hoy conocido por obras de fantasía y literatura (aparentemente) infantil, podemos con facilidad perder de vista ese aspecto central de su vida, llevando a que lo imaginemos sólo como un escritor en lugar de verlo como un académico, y un académico singularmente erudito. Pero su vida estaba en la universidad, como profesor de literatura inglesa medieval y renacentista. También la vida de un académico puede ser bastante interesante, como lo muestran de sobra las excelentes

---

[1] Lewis, C. S., *The Pilgrim's Regress. An Allegorical Apology for Christianity, Reason and Romanticism* en *The Collected Works of C. S. Lewis*. Inspirational Press, Nueva York, 1996, p. 63.

biografías que hay de Lewis. Pero como tales biografías ya existen, aquí limitaremos lo biográfico a ciertos aspectos de su carácter que podemos destacar en *Sorprendido por la alegría*, su propia autobiografía. A partir de dicho libro quiero resaltar tres aspectos de Lewis que nos permitirán entrar a los temas que trata en el mismo espíritu que él los trata. Quiero presentarlo como un hombre de libros, de consecuencia y de inteligencia.

Un hombre de libros. Su niñez la pasó en distintas escuelas y bajo diversos tutores privados. Uno de éstos advirtió desde el primer momento al padre de Lewis que éste o bien llegaría a ser un académico, o bien no llegaría a ser nada. Había crecido y seguía creciendo entre libros. Descubrir un amigo era descubrir a alguien que leyera los mismos libros. Lewis da un ejemplo claro del papel que ocupaban en su vida los libros al comentar lo que le ocurrió al ser enviado a luchar en la Primera Guerra Mundial. Recuerda que al entrar al campo de batalla y oír por primera vez una bala, su pensamiento fue «esto es una guerra. *Es de esto que escribió Homero*»[2]. ¿Qué debemos pensar de alguien capaz de hacer tal comentario, de alguien al que, en medio de la guerra, las balas lo hacen pensar en libros? Esas son las palabras de alguien que no leía para «distraerse», sino que vive con la lectura. Y lo mismo se nota en otros temas muy decisivos: «si un joven quiere seguir siendo ateo», escribe en otro momento, «tendrá que ser muy cuidadoso en la selección de sus lecturas»[3]. Él mismo había experimentado el giro involuntario que un buen libro puede dar a nuestra vida. Al leer a Chesterton, escribe, «no sabía en lo que me estaba metiendo»[4]. Ahora bien, es muy importante notar desde un comienzo que este gusto por los libros no tiene nada que ver con un «mundo de la cultura»: confiesa haber dedicado años a la lectura antes de enterarse de que existía siquiera tal mundo[5]. Lewis no es del mundo de la cultura, sino de los libros y de las realidades descritas y abiertas por ellos.

---

[2] Lewis, C. S., *Surprised by Joy*. Fontana Books, Londres, 1960, p. 158. Mi cursiva.
[3] Ibid., p. 154.
[4] Ibid.
[5] Ibid., p. 85.

Eso nos lleva al segundo punto: un hombre consecuente. Eso desde luego no es idéntico con ser un hombre invariable, incapaz de cambiar. Lewis precisamente cambió porque era consecuente a la hora de seguir argumentos. Encontró argumentos y experiencias que le mostraron que estaba equivocado, y siguió con consecuencia dichos argumentos y experiencias. Pero también el ser consecuente es algo que tuvo que aprender. Así recuerda, por ejemplo, que recién en su juventud, al ser enviado a la guerra, le tocó conocer por vez primera a «un hombre de conciencia. Hasta entonces no me había encontrado con nadie de mi edad o naturaleza que tuviese principios»[6]. Él mismo tampoco los tenía, pero iniciaba gracias a amigos como éste su camino hacia ese tipo de vida. Pero lo que me interesa notar es que si bien hay un sentido en que Lewis se ve «deslumbrado» por lo que estaba descubriendo, no significa que necesariamente se sintiera «a gusto». Desde luego se vio «sorprendido por la alegría», pero porque no buscaba sólo alegría, sino verdad, y aprendió a seguirla también cuando no parecía alegrarlo. El punto en que esto más claramente puede ser visto es en el momento en que deja de ser ateo: «en 1929 cedí, admití que Dios era Dios, me arrodillé y oré; tal vez esa noche era el converso más abatido y *reacio* de toda Inglaterra»[7]. Pensar de la mano de Lewis implica aprender, al menos de vez en cuando, a pensar *contra* nuestras propias inclinaciones inmediatas, a seguir de modo reacio algunos argumentos.

Pero ser consecuente, ser capaz de seguir argumentos incluso de un modo reacio, requiere ser al menos en alguna medida un hombre de inteligencia. A nadie le cabe la menor duda de que en el caso de Lewis esta condición se cumple. El siglo XX tuvo tal vez otros autores cristianos más profundos que él, algunos tal vez más populares, otros más eruditos, pero es poco probable que haya tenido alguno tan claro. Lewis es un autor que enfrentado él mismo a un problema, o enfrentándonos a nosotros a un problema, suele sacarnos de la confusión y ponernos ante las alternativas realmente

---

[6] Ibid., p. 154.
[7] Ibid., p. 182. Mi cursiva.

existentes. Pero eso es no sólo un don, sino también algo trabajosamente cultivado. En este sentido es importante recordar que si bien dedicó la mayor parte de su vida a la literatura y la crítica literaria, el comienzo de su vida académica fue en la filosofía, disciplina en la que fue tutor en Oxford por un breve período. Su cambio de la docencia en filosofía a la literatura lo describe en una carta a su hermano Warren en los siguientes términos: «Me alegro bastante por el cambio. Si bien tal vez tenía la mente, ciertamente no tenía los nervios como para una vida dedicada a la filosofía. Una continua búsqueda de los fundamentos abstractos de las cosas, un continuo cuestionar lo que hombres comunes dan por sentado, [...] ¿es ése un género de vida ideal para gente con un temperamento como el nuestro? [...] No estoy condenando la filosofía. De hecho, al dejarla para dedicarme a la literatura y a la crítica literaria estoy consciente de que eso significa bajar un peldaño. Y si bien el aire en las alturas no me acomodaba, me he llevado de ahí algo de valor. Será un consuelo que me acompañará toda la vida el saber que el científico y el materialista no tienen la última palabra. Que cuando Darwin y Spencer se dedican a poner en duda creencias ancestrales, ellos mismos están sobre un fundamento de mera arena, con gigantescos presupuestos y con contradicciones irreconciliables a apenas unos centímetros de la superficie»[8]. Años más tarde escribirá que «tiene que existir filosofía buena, si no es por otra razón, al menos porque la mala tiene que ser contestada»[9]. A eso, a responder a filosofías que le parecían malas, dedicó una energía más considerable de lo que puede imaginar quien en un principio sólo se ha familiarizado con su obra literaria.

Pero la capacidad para ofrecerles respuesta no proviene sólo de la genialidad de Lewis, no proviene sólo de la consecuencia y la inteligencia, sino también de los libros, de haber estado apoyado en una riquísima tradición de reflexión sobre los problemas últimos del hombre. ¿En qué consiste esa tradición de la que Lewis se

---

[8] Hooper, Walter (ed.), *Letters of C. S. Lewis*. Collins, Londres, 1988, pp. 212-213.
[9] Lewis, C. S., *The Weight of Glory and Other Addresses*. Macmillan, Nueva York, 1965, p. 48.

hace vocero? En su charla inaugural en Cambridge se presentó a sí mismo como un «viejo hombre occidental». Pero este viejo hombre occidental se compone de varias tradiciones, en el caso de Lewis al menos tres tradiciones muy distintas. En primer lugar la tradición clásica: la literatura, filosofía e historia de Grecia y Roma. Luego la literatura inglesa, de la cual era especialista en los períodos medieval y renacentista. Finalmente, la tradición intelectual cristiana. Dónde se encontraba dentro de dicha amplia tradición cristiana es algo que tendremos ocasión de ver más adelante. Por lo pronto baste con notar que esto es ante todo una formación antigua —algo que para Lewis y quienes lo admiramos está lejos de constituir un reproche. Después de todo, alguien que creció con esa formación puede gracias a ella estar particularmente atento ante los problemas modernos.

3. Ética y política en la tradición del «viejo hombre occidental»

¿Pero en qué sentido se puede escribir, a propósito de un autor semejante, un libro sobre ética y política? Lo que solemos llamar política a Lewis definitivamente no le interesaba. Recordando dos pequeñas novelas que Lewis había escrito como niño, su hermano comenta lo siguiente: «Entonces, en 1912, produjo una novela completa, un resultado digno de crédito para un niño que aún no cumplía los trece años; y lo interesante es notar que esta novela, tal como la que pronto le siguió, giraba del todo en torno a la política. Para cualquiera que recuerde el desprecio que Jack [apodo con que los amigos llamaban a C. S. Lewis] como adulto sentía por la política y los políticos, esto parecerá extraordinario»[10]. ¿No resulta entonces forzado escribir sobre ética y política desde su obra? A eso yo respondería del siguiente modo: el presente libro es un libro sobre «ética» y «política» en

---

[10] Lewis, Warren, «Memoir of C. S. Lewis», en *Letters of C. S. Lewis*. Collins, Londres, 1988, p. 26. El texto de estas novelas se ha publicado como *Boxen. The Imaginary World of the Young C. S. Lewis*. Harcourt Brace, San Diego, 1986.

el sentido —¡no en la proporción!— en que diríamos del *Gorgias* o la *República* de Platón que son libros de ética y política. Ciertamente lo eran, pero no son éticas «aplicadas», sino libros que plantean la pregunta respecto de cómo debemos vivir.

Pensemos, por ejemplo, en el *Gorgias* de Platón. Sócrates, el filósofo que encarna la vida examinada, discute ahí con Calicles, un político descaradamente ávido de poder, y que ni siquiera oculta que dicho afán de poder es su centro de gravitación. De hecho, reprocha a Sócrates su vida filosófica: le concede que eso puede «tener su encanto» cuando se es joven, pero que un adulto ya debiera haber superado eso, debiera haber pasado a cosas más importantes[11]. ¿Debiera? El pasaje merece ser mencionado aquí, porque en su autobiografía Lewis escribe sobre el disgusto que siempre sintió por las conversaciones de adultos. Pero bajo «conversación de adultos» desde luego entendió la de Calicles, no la de Sócrates: «conversación sobre política, dinero, defunciones y digestión»[12]. En un momento de su vida, estuvo de hecho a punto de rendirse, de dejar la vida examinada y volverse si bien no un Calicles, sí alguien «sensato», que huye de todo el romanticismo que lo había movido[13]. Pero no llegó a rendirse a la sensatez, sino que mantuvo abierta la pregunta por la verdad. Ahora bien, Sócrates, quien también mantuvo entre los suyos abierta dicha pregunta, fue calificado por Platón como el único verdadero político entre sus contemporáneos[14]. Y en ese mismo sentido también podemos decir que Lewis —un romántico insensato que no quiere hablar sobre política y dinero— fue un «verdadero político». Pero si abordamos la vida política de ese modo, de la mano de la pregunta por la verdad, de la pregunta por cómo debemos vivir, esto —como bien sabía Platón— nos llevará a una pregunta por la justicia. ¡Pero de cuánto más tendremos que hablar entonces! Pues cuando Platón se pregunta por la justicia, no es extraño que

---

[11] Platón, *Gorgias* 484c.
[12] Lewis, C. S., *Surprised by Joy*. Fontana Books, Londres, 1960, p. 111.
[13] Ibid., p. 162.
[14] Platón, *Gorgias* 521d.

termine también preguntando por la relación con los dioses, que se ocupe del papel del conocimiento en nuestra vida (¿necesitamos algo más que conocimientos «útiles»?), y que incluso termine con una narración mítica sobre el juicio final, como ocurre en el *Gorgias* y la *República*. Lewis era un autor atento a la pregunta respecto de cómo debemos vivir, y así este mismo rango de preguntas se abren en su obra, permitiendo que en ese amplísimo sentido podamos escribir sobre «ética» y «política» en su pensamiento.

Ahora bien, Platón no sólo pregunta por la justicia. También se pregunta qué pasaría si un hombre cabalmente justo apareciera en esta tierra. Su respuesta es que sería «azotado y torturado, puesto en prisión, se le quemarán los ojos y, tras padecer toda clase de castigos, será empalado» (el equivalente persa de la crucifixión)[15]. Pero Lewis no sólo estaría de acuerdo con que esto *pasaría*, sino que es un autor cristiano, que cree por tanto que algo así de hecho *pasó*. En efecto, entre Platón y Lewis ha ocurrido algo demasiado significativo como para ser pasado por alto. Entremedio apareció el cristianismo, que no parece plantear la pregunta —o al menos la respuesta— «cómo debemos vivir» del mismo modo que los antiguos paganos. ¿Se nota en Lewis ese cambio? Sin duda se nota y veremos sus efectos en muchas partes de su pensamiento. Pero por otra parte, Lewis no es el tipo de autor que ve lo precristiano con los mismos ojos que lo postcristiano. Se asemejan, dice, tanto como una virgen y una viuda: ambas carecen de marido, pero es muy distinto estarlo esperando que haberlo perdido. De ahí se sigue —cree Lewis— que para que el hombre postcristiano se interese por el cristianismo, casi hay que partir por volverlo un pagano: hay que volver a una situación de expectación.

Hay un riesgo, por supuesto, cuando alguien tiene una imagen tan positiva del paganismo. El riesgo es que el cristianismo entre en su pensamiento, pero sólo en cierta área: que el cristianismo se haga cargo de lo «espiritual» —sea esto lo que sea— o que entre sólo como salvación, pero que no afecte el resto de nuestro modo

---

[15] Platón, *República* 362a. Lewis alude indirectamente a este pasaje de Platón en Lewis, C. S., *Reflections on the Psalms*, Collins, Londres, 1998, p. 89.

de ver el mundo. Por decirlo en una palabra, que el cristianismo se haga cargo de lo sobrenatural, y la visión de mundo natural quede en manos del paganismo. Este tipo de dualismo, presente también entre quienes no son tan optimistas como Lewis respecto del paganismo, ha sido justamente denunciado por muchos pensadores cristianos de las últimas décadas. ¿Debemos situar a Lewis entre los justos objetos de tal denuncia? Creo que no, y podemos dejar que él mismo se defienda con las siguientes palabras: «Creo en el cristianismo tal como creo que ha salido el sol: no sólo porque lo veo, sino porque mediante él veo todo lo demás»[16]. Esto significa que el cristianismo está siempre presente en su pensamiento, pero no necesariamente como el objeto de su pensamiento, sino muchas veces como el lente mediante el cual mira los restantes objetos. Y es sobre todo a esos restantes objetos que dirigimos la mirada en este libro.

Lo dicho hasta aquí creo que se puede resumir de un modo muy sencillo: buscamos aquí dirigir la mirada a toda clase de temas, pero guiados por la pregunta respecto de cómo debemos vivir. Y el espíritu que nos anima en dicha búsqueda es un espíritu de moderación, pero que a la vez quiere situarse más allá de la mera sensatez. Así es como veremos a Lewis moviéndose entre progresismo y la crítica de la civilización, entre razón e imaginación, entre el protestantismo y el catolicismo, entre alta cultura y democracia de masas —pero nunca buscando un mero término medio, sino el máximo bien del hombre para la suprema gloria de Dios. Y así, sin más preámbulos, nos dirigimos en primer lugar a aquello en que Lewis está profesionalmente en casa: la crítica a la degradación del lenguaje.

---

[16] Lewis, C. S., *The Weight of Glory and Other Addresses*, Macmillan, Nueva York, 1965, p. 106.

El lenguaje y la racionalidad

1. Defendiendo la razón

Durante los años del régimen nacionalsocialista surgió en Alemania una obra con el curioso título de *LTI*. La sigla significaba *Lingua Tertii Imperii*, el lenguaje del Tercer Reich. Su autor, el filólogo judío Victor Klemperer, había llevado durante años un diario de vida en el cual tomaba nota de cada transformación del lenguaje que fuera llevada a cabo por la ideología dominante. Así, fue dejando constancia de todas las simplificaciones, de cómo el lenguaje de un grupo se iba tornando el lenguaje de toda la sociedad, de todos los campos de la vida, de cómo el gobierno tendía a calificar absolutamente cada uno de sus actos de «histórico», de cómo todo era elevado a categoría de «popular». ¿Por qué tomar nota de algo así? Klemperer nos confiesa su inquietud: «¿Será frialdad o pedantería académica la que me lleva una y otra vez a ocuparme del aspecto filológico de esta miseria? Realmente pruebo mi conciencia, y no: es un acto de supervivencia»[17]. Alguien podría criticar a Klemperer diciendo que se refugió en la torre de marfil de la filología, en lugar de participar de una resistencia más activa. Pero él nos asegura que se trata de supervivencia, que su «diario de vida filológico» ha sido lo que le ha permitido mantener el equilibrio: «Una y otra vez el llamado a ponerme por sobre la situación y recuperar la libertad interior me lo formulaba con esta fórmula secreta, ¡*LTI, LTI*!»[18]. Esta obra genial, *LTI*, no constituye una excepción. Lo mismo que

---

[17] Watt, Roderick (ed.), *An Annotated Edition of Victor Klemperer's LTI, Notizbuch eines Philologen*, Edwin Mellen Press, Lewiston, 1997, p. 50.
[18] Íbid., p. 16.

hacía Klemperer bajo un régimen totalitario es lo que otros se sentían obligados a hacer bajo regímenes más libres. Pues cuando una sociedad entra en crisis, esto se nota con mucha claridad en su lenguaje. Quizás la más conocida explicación de esto no se encuentre en ninguna obra de teoría política, sino en la novela *1984* de George Orwell, y en el apéndice sobre la «neolengua» que añade a la novela. Según Lewis se trata de un apéndice «magnífico y afortunadamente separable de la novela», la cual le parecía meramente un «libro interesante y defectuoso»[19] (a diferencia de la genial *Rebelión en la granja* del mismo Orwell).

El eslogan, como es descrito en dicho apéndice, es precisamente lo que caracteriza a la moderna sociedad de masas en sus actuaciones políticas. Sin pensar nos dejamos llevar por la bandera de turno. El tamaño de nuestras ciudades no hace las cosas más fáciles: al político desde luego le es constitutivamente imposible convencer de modo racional a un millón de personas —en el caso de las ciudades de tamaño todavía moderado— de que su propuesta es la mejor; y así se ve obligado a recurrir a una frase que asegure que su mensaje pueda ser comunicado. Y cuando toda la comunicación se realiza mediante el eslogan, mediante etiquetas, lo que se destruye no es sólo el lenguaje, que para todo efecto queda degradado; lo verdaderamente grave es que nadie tiene la oportunidad de pensar alguna vez seriamente el orden y el sentido de la política, sino que se resuelve recurriendo a frases hechas. Éstas, en efecto, dejan de ser un mero eslogan político para tiempos de campaña, y se convierten rápidamente en el medio por el cual todo el mundo expresa sus «convicciones» (si merecen ser llamadas así) políticas, que así jamás serán más profundas que el eslogan mismo. Pero criticar los eslóganes no sirve de mucho, ya que también el decir «eso es un eslogan» puede ser un mero eslogan... Es necesario dar un paso más, no sólo criticar el eslogan, sino además defender la racionalidad y defender el lenguaje. De hecho, aunque Lewis sea un escritor al que uno bien podría imaginar llevando «diario de vida filológico», no nos encontramos en su obra con la defensa pedante de

---

[19] Lewis, C. S., *On Stories and other Essays on Literature*, Harcourt Brace, Nueva York, 1982, p. 101.

un lenguaje elevado, sino que su defensa del lenguaje siempre es una defensa de la razón. Su obra, en efecto, se encuentra llena de apelaciones al sentido común, para desde él defendernos de las ideas de moda. A continuación ilustraremos esto a partir de un ensayo suyo titulado *Bulverismo, o el fundamento intelectual del siglo XX*.

«Bulverismo» es un nombre inventado por Lewis para designar una práctica que considera típica de la retórica actual: la de intentar sugerir *por qué* alguien está equivocado, antes de demostrar que efectivamente *está* equivocado (Bulver es un personaje imaginario que funda el pensamiento del siglo XX tras oír a su madre quejarse de que su padre dice algo *porque es hombre*). Así por ejemplo, si alguien propone una idea de una determinada tendencia política, es común que reciba por réplica «tú dices eso porque eres de tal tendencia». De este modo, evitamos elegantemente hacernos cargo de los argumentos del interlocutor. Damos sólo apariencia de refutación, sin ofrecer efectivamente una refutación. Si se trataba de una idea económica, por ejemplo, la discusión entera se podría desarrollar sin decir una palabra de economía, sólo con réplicas y contrarréplicas del tipo «lo dices porque eres de izquierda», «ustedes intentan oprimir al pueblo y por eso rechazan esta idea», etc. Salta a la vista que casi todo el debate público actual se realiza en estos términos: con una discusión que puede ser agitada, polémica, en muchas ocasiones ofensiva y que, sin embargo, jamás toca el tema que realmente esté en disputa.

Pero esto del «bulverismo» no nace en el plano político, sino que se origina en el plano intelectual. El primer lugar donde Lewis lo identifica es en el marxismo y el freudianismo: «Los freudianos han descubierto que existimos como un atado de complejos. Los marxistas han descubierto que existimos como miembros de una clase económica. En los viejos tiempos se suponía que si algo resultaba obviamente evidente a unas cien personas, entonces probablemente era en verdad cierto. Hoy en día el freudiano te enviará a analizar a los cien: descubrirás que todos consideran a Elizabeth I una gran reina porque tienen un complejo en relación a su propia madre. Sus ideas están "psicológicamente teñidas" desde el origen. Y el marxista te sugerirá examinar los intereses económicos de los cien; verás que todos aprecian la libertad porque son miembros de la burguesía cuya prosperidad es aumentada por una política de *laissez-faire*. Sus ideas están "ideológicamente teñidas" desde el origen. Ahora bien, esto es obviamente muy divertido; pero no siempre se nota que hay una cuenta que pagar por ello. Existen dos preguntas que deben ser hechas a la gente que hace este tipo de afirmaciones. La primera es si acaso *todas* las ideas están de este modo teñidas desde el origen o sólo algunas. La segunda es si esto invalida a la idea teñida —en el sentido de volverla falsa— o no. Si nos responden que *todas las ideas* están contaminadas de este modo, entonces, por supuesto, tendremos que recordarles que el freudianismo y el marxismo son sistemas de pensamiento del mismo modo como lo pueden ser la teología cristiana o el idealismo filosófico. El freudiano y el marxista están en la misma embarcación que el resto de nosotros, y no pueden criticarnos desde afuera. Han aserrado la rama en la cual estaban sentados ellos mismos. Si, por otra parte, nos responden que la teñidura no tiene por qué invalidar sus propias ideas, entonces tampoco tiene por qué invalidar las nuestras. En este caso no sólo han salvado su propia rama, sino la nuestra juntamente»[20].

Lo que Lewis está criticando es aquella tendencia común no sólo a Marx y Freud, sino también a Nietzsche —y a las innumerables síntesis más o menos creativas que el siglo XX nos ofreció de estos tres autores— a no atender a lo que se nos dice, sino a la motivación del que habla; a realizar una «genealogía»: no preguntar por la verdad de lo que leemos, sino por los ocultos intereses de quien lo escribió; la tendencia a considerar secundaria la preocupación por la verdad de lo que se nos dice y primario algo que está detrás, algo que hay que sacar a la luz desenmascarando intereses.

Esto tiene mucho que ver con la constatación de que nadie es neutral. En eso, por cierto, los «bulveristas» tienen toda la razón, pero sacan de ahí la conclusión equivocada. Al respecto tenemos una simpática aclaración de Lewis cuando escribe sobre el Club Socrático de Oxford, una asociación que había cofundado, dedicada

---

[20] Lewis, C. S., «Bulverism», en *First and Second Things*, Collins, Londres, 1985, pp. 13-14.

a la discusión pública sobre la verdad o falsedad del cristianismo. Al invitar a participar reconocía que «nunca hemos pretendido ser imparciales. Pero la argumentación sí lo es. Tiene una vida propia, y no hay hombre que pueda decir hacia dónde llevará»[21]. El «bulverista» también constata que los seres humanos somos parciales, pero saca de ahí la conclusión de que todo raciocinio está teñido, que no hay argumento que sea confiable. Bajo ese raciocinio «bulverista» o genealógico por supuesto todas las posturas pueden ser defendidas (o atacadas). La tendencia original puede pertenecer a marxistas y freudianos, pero también se puede ser un antimarxista y antifreudiano argumentando tan mal como ellos. Lo que caracteriza al «bulverismo» en todo momento es el atender a la psicología del contrincante, a sus eventuales intereses ocultos, en lugar de hacernos cargo realmente de lo que piensa: «Supongamos que, tras hacer algunos cálculos, creo tener una suma considerable de dinero en el banco. Y supongamos que tú quieres descubrir si acaso esta conclusión mía sólo se debe a mi deseo de tener tal suma. Nunca podrías llegar a tal conclusión estudiando mi condición psicológica. La única manera de averiguarlo es que te sientes y hagas los cálculos correspondientes. Sólo cuando hayas hecho esto, sabrás si lo que digo corresponde a la verdad. Si mis cálculos fueron correctos, ningún fanfarroneo en torno a mis condiciones psicológicas puede ser algo más que una pérdida de tiempo. Si en cambio, mis cálculos eran falsos, entonces puede resultar interesante explicar psicológicamente cómo llegué a ser tan malo en aritmética, y la idea del deseo oculto puede tornarse relevante —pero sólo *después* de haber hecho tú mismo los cálculos y demostrado, en base a criterios puramente matemáticos, que estoy equivocado. Y lo mismo acontece con toda idea y todo sistema de pensamiento. Si intentas demostrar quién está equivocado especulando sobre las intenciones ocultas de los pensadores, sólo estás haciendo el ridículo. Primero debes mostrar en términos meramente lógicos quién de ellos tiene posiciones insostenibles. Después, si te interesa, ve y descubre las causas psicológicas del error. En otros términos, tienes que demostrar el hecho de

---

[21] Lewis, C. S., «*God in the Dock. Essays on Theology and Ethics*» en *The Collected Works of C. S. Lewis*, Inspirational Press, Nueva York, 1996, p. 386.

que un hombre *está* equivocado, antes de empezar a demostrar *por qué* está equivocado»²². El desenmascaramiento tiene así una apariencia de «profundidad», porque va «más allá» de las apariencias; pero en realidad es sumamente superficial, pues nunca toma en serio al interlocutor: va «más allá» antes de tiempo, antes de lidiar con los argumentos del contrincante. Es decir, se escapa.

No sólo las ideas políticas son objeto de ese tipo de crítica, sino que cualquier cosa puede ser atacada del mismo modo. Lewis pone por supuesto el ejemplo de su propia fe cristiana. «Así es como veo mi religión rechazada con el siguiente argumento: "el cómodo párroco tenía todo tipo de razones para convencer al obrero del siglo XIX de que su pobreza sería recompensada en otro mundo". Pues bien, seguramente las tenía. Si suponemos que el cristianismo es un error, puedo imaginar perfectamente que algunos todavía encontrarían algún motivo para inculcarlo. Lo comprendo tan claramente que, desde luego, puedo jugar el mismo juego al revés, diciendo que "el hombre moderno tiene todo tipo de razones para intentar convencerse a sí mismo de que no hay sanciones eternas detrás de la moralidad que está rechazando". Porque el bulverismo es un juego verdaderamente democrático, en el sentido de que puede ser jugado por todos durante todo el día, y no otorga ningún privilegio a la pequeña y ofensiva minoría pensante. Pero desde luego no nos permite acercarnos un centímetro a resolver la cuestión de si efectivamente la religión cristiana es verdadera o falsa»²³. Sólo haciéndonos cargo de los argumentos del contrincante, y no de sus intereses, podemos avanzar en el descubrimiento de la verdad. Pero para atreverse a pensar, a hacerse realmente cargo de los argumentos del contrincante en lugar de desestimarlos, hace falta no sólo rigor intelectual, sino quizás ante todo coraje, la valentía de seguir la verdad a donde nos lleve, reconociendo que eso muchas veces puede significar dejarnos convencer por otros. Y mientras que eso no suceda, no se puede esperar que la razón desempeñe

---

[22] Lewis, C. S., «Bulverism», en *First and Second Things*, Collins, Londres, 1985, p. 15.
[23] Ibid., p. 16.

un papel efectivo en los asuntos humanos. Lewis era consciente de eso, y así hace hablar a un diablo acerca de las épocas pretéritas en las que los hombres «todavía sabían bastante bien cuándo estaba probada una cosa, y cuándo no lo estaba; y una vez demostrada, la creían de verdad; todavía unían el pensamiento a la acción, y estaban dispuestos a cambiar su modo de vida como consecuencia de una cadena de razonamientos»[24]. Lewis no sólo sabía disfrutar de una buena disputa intelectual, sino que estaba dispuesto a cambiar su modo de vida si se le mostraba que estaba equivocado. Podría haber dicho, como Sócrates, que no hay nada peor que estar equivocado. Tal centralidad de la preocupación por la verdad nos acompañará en el resto de este libro, y sólo vale la pena seguir embarcados en él si se comparte con Lewis dicha preocupación.

2. El verbicidio

Pero habíamos comenzado tratando no sobre argumentos sino sobre palabras, y tenemos que volver a ellas. Que cuidar el lenguaje sea algo fundamental para la política no es una invención reciente. Ya Aristóteles creía que precisamente en la capacidad para hablar se encontraba el rasgo que hacía que los seres humanos podamos ser considerados como más sociales, incluso, que las abejas: «El hombre es el único animal que tiene palabra. Pues la voz es signo de dolor y placer, y por eso la poseen también los demás animales. [...] Pero la palabra es para manifestar lo conveniente y lo perjudicial, así como lo justo y lo injusto. Y esto es lo propio del hombre frente a los demás animales: poseer, él solo, el sentido del bien y del mal, de lo justo y de lo injusto»[25]. En tal afirmación la clave está en que las palabras no son sólo transmisoras de «estados» del sujeto: eso es algo que ya hace la voz de los animales, dar a entender si el sujeto se siente bien o no. Las palabras más propiamente humanas trascienden eso, son expresión de lucha por ideas, de búsqueda de

---

[24] Lewis, C. S., *Cartas del diablo a su sobrino*, Editorial Andrés Bello, Santiago, 1996, p. 25.
[25] Aristóteles, *Política* 1253 a 10-12.

la verdad. No hay mucho que esperar de una sociedad de la que haya desaparecido la capacidad para verdadera conversación, la capacidad para luchar por ideas, el interés por buscar la verdad. Lewis obviamente creía que estamos perdiendo eso, y cayendo en un «lenguaje» puramente animal, que nuestras palabras cada vez refieren menos con claridad a ciertos conceptos para convertirse en lugar de eso sólo en quejas o elogios, en signos animales de mero dolor o placer. ¿Qué indicios veía de que eso fuera así?

En una ocasión, escribiendo acerca de Lewis, su amigo Owen Barfield señaló que «no me gusta más el verbicidio que al mismo Lewis»[26]. Al usar esta palabra «verbicidio» Barfield estaba evocando un término usado por el propio Lewis en 1960, en *Estudios sobre palabras*, un libro cuya preocupación era precisamente la muerte de las mismas. Dicho libro era, por decirlo así, el *LTI* de Lewis. Pero no se trata de denunciar un mero empobrecimiento cultural, sino de que la misma capacidad de pensar con claridad es la que está en juego: «Cuando, por muy reverentemente que lo hagas, asesinas una palabra, también has eliminado de la mente humana la cosa que la palabra originalmente significaba. Los hombres no continúan por mucho tiempo pensando en aquello que han olvidado cómo nombrar»[27]. Veamos en qué consiste concretamente según Lewis la muerte de las palabras. Las palabras mueren cuando no las utilizamos para señalar lo que realmente significan. Lewis llama la atención sobre cuán pocas veces le decimos a alguien que es deshonesto, poco confiable, inmaduro, etc. En lugar de eso, preferimos —para decir lo mismo— afirmar que la persona en cuestión es un «cerdo», un «animal». La degradación no consiste en el hecho de que esta segunda lista sea más ofensiva, porque también se da el proceso en forma inversa: palabras que antes eran sólo una descripción ahora son un elogio, como ocurre por ejemplo con la palabra «demócrata». Es decir, el problema no es simplemente cuán ofensivos o no ofensivos seamos, sino el hecho de que lentamente las palabras van

---

[26] Barfield, Owen y G.B. Tennyson (ed.), *Owen Barfield on C. S. Lewis*, Wesleyan University Press, Middletown, 1989, p. 121.
[27] Lewis, C. S., «The Death of Words», en *Of This and Other Worlds*, Collins, Londres, 1982, p. 141.

perdiendo su significado propio, descriptivo, y las vamos convirtiendo en meros términos de elogio o de insulto, de aprobación o reprobación. Tomemos el ejemplo del «gentleman», el caballero: «Esto una vez fue (tal como "villano"), un término que definía un hecho social y genealógico. La cuestión de si acaso el Sr. Snooks era un caballero era tan soluble como la cuestión de si era un abogado o si tenía una maestría en artes. La misma cuestión, preguntada cuarenta años más tarde (cuando era preguntada muy frecuentemente), no admitía solución alguna. [...] Ésta es una de las maneras en que mueren las palabras»[28]. El vocabulario del insulto y del elogio crece a costa del vocabulario de la definición precisa: «La principal causa de verbicidios es el simple hecho de que la gente está más ansiosa por expresar su aprobación o rechazo de las cosas que interesados en describirlas»[29].

No se trata de un problema que afecte solamente a los que aman un idioma, sino de que perdemos la posibilidad de describir realidades, y tenemos que acudir a formulaciones más torpes para lograrlo: Lewis pone el ejemplo de los adjetivos «real» o «verdadero». Una vez que tenemos que agregar uno de estos adjetivos a una palabra, es porque la palabra está muriendo. Así, si tenemos que decir que alguien es un «verdadero caballero», es porque la palabra «caballero» ya ha perdido casi todo su significado. Podríamos añadir el adjetivo «auténtico»: una vez que tenemos que explicar que alguien es un «cristiano auténtico», es porque la palabra «cristiano» está también empobrecida. Y la lista de palabras importantes en esa situación es extensa: «"Abstracto" (en parte por la infección fonética de "abstruso") ha llegado a significar algo así como "vago, brumoso, insustancial"; se ha vuelto un mero término de reproche. "Moderno", en la boca de muchos hablantes ha dejado de ser un término cronológico; [...] por lo general ha llegado a significar algo así como "eficiente" o (en algunos contextos) "bueno"; "barbaridades medievales", en la boca de muchos hablantes, no hace referencia ni a la Edad Media,

---

[28] Ibid., p. 138.
[29] Lewis, C. S., *Studies in Words*, Cambridge University Press, Cambridge, 2000, p. 7.

ni a aquellas culturas clasificadas como bárbaras»[30]. Muchas otras palabras pueden ser usadas como términos que no buscan describir, sino meramente insultar. Pero es importante dar con el núcleo preciso de esta crítica de Lewis. No se trata simplemente de criticar un lenguaje de alto contenido emocional. Un lenguaje emocional puede estar justificado: no hablamos sólo para informar, sino para exhortar, corregir, amar, consolar e interceder. Lo que ocurre en los ejemplos de verbicidio que aquí nombra Lewis es más bien que el tipo de uso emocional que se da a ciertas palabras pasa por vaciarlas antes de todo contenido: la única función de una palabra como «villano» hoy es insultar; la palabra es incapaz de decirnos siquiera por qué estaría siendo insultada la persona en cuestión, ya que ciertamente no es por vivir en una villa. Así, en este tipo de palabras vaciadas de contenido descriptivo, llegamos a un límite entre el lenguaje, esa palabra que Aristóteles consideraba lo específicamente humano, y el sonido inarticulado por el que los animales expresan sus gustos. Todas estas palabras originalmente sí aludían a un contenido: insultaban o elogiaban por asociación, por sugerir una imagen. «Por eso lograban herir, porque herir no era lo único que buscaban»[31]. Pero ahora, separadas de dicha descripción, sólo nos indican que el hablante perdió la paciencia.

Lewis acaba su gran obra de *Estudios sobre palabras* con un sencillo llamado a recuperar el uso correcto de los adjetivos peyorativos. «El principal, más simple y más abstracto —nos recuerda— es simplemente *malo*. El único motivo para apartarnos de este adjetivo cuando queremos criticar algo es si queremos ser más específicos, intentando responder a la pregunta "¿malo en qué sentido?"»[32]. Tal precisión no se logra calificando a alguien de bárbaro o fascista, sino calificándolo de cobarde o mentiroso: con eso sí se ha logrado precisar en qué sentido encontramos malo a alguien; y ese tipo de sobria precisión podría hacer mucho bien a nuestra vida política.

---

[30] Lewis, C. S., «The Death of Words», en *Of This and Other Worlds*, Collins, Londres, 1982, p. 139.
[31] Lewis, C. S., *Studies in Words*, Cambridge University Press, Cambridge, 2000, p. 323.
[32] Ibid., p. 327.

3. La prensa y la opinión

«¿No entiendes que, entonces, no tenías derecho alguno a tener una opinión sobre esa cuestión?»[33]. Con esa pregunta uno de sus grandes maestros había sorprendido al joven Lewis. Éste había intentado llenar el silencio simplemente «charlando», pero Kirk le enseñó algo que hasta entonces ignoraba: que sus pensamientos tenían que estar *fundamentados* en algo. Era el tipo de profesor que se jactaba de no tener *opiniones* sobre nada. Desde luego Lewis nunca llegó a ser un hombre tan puramente lógico como Kirk, pero recordaba a éste como uno de sus grandes maestros: «He aquí un hombre que pensaba no sobre ti, sino sobre lo que has dicho»[34].

Al revisar lo que Lewis escribe sobre la prensa, conviene tener esta historia sobre su maestro Kirk en el trasfondo. Pues vivimos en un tiempo de opiniones, publicidad y comunicación masiva, y cada uno de esos hechos puede destruir nuestro pensamiento y nuestro lenguaje. Pero parecen ser elementos constitutivos de las sociedades masivas. En *El regreso del peregrino*, Lewis pone en boca del «Sr. Ilustración», quien presenta a un forastero su ciudad, las siguientes palabras: «Cuando llegué aquí el pueblo tenía cuarenta habitantes: ahora se puede jactar de 12.400.361 almas, incluyendo en esta población la mayor parte de los más influyentes publicistas y divulgadores científicos. En este desarrollo sin par yo mismo he desempeñado un papel no pequeño; pero no es falsa modestia afirmar que la creación de la imprenta ha sido más importante que cualquier acción personal»[35]. Está claro lo que Lewis quiere criticar, pero con ello parece estar metiéndose en un problema, pues según su misma descripción lo que está criticando parece ser un problema constitutivo de las sociedades masivas. Pero si bien para este problema no hay una solución mágica —y Lewis nunca nos invita a dejar la gran ciudad para volver a la vida rural— tampoco hay que mirar en menos lo que significa el tener al menos conciencia de los pro-

---

[33] Lewis, C. S., *Surprised by Joy*, Fontana Books, Londres, 1960, p. 110.
[34] Ibid., p. 112.
[35] Lewis, C. S., *The Pilgrim's Regress. An Allegorical Apology for Christianity, Reason and Romanticism* en *The Collected Works of C. S. Lewis*, Inspirational Press, Nueva York, 1996, p. 22.

blemas. Y así, vale la pena que acompañemos por algunas líneas más a Lewis en su preocupación por la prensa escrita. En efecto, pocas cosas le producían la antipatía que podía producirle el periodismo. En carta a una amiga norteamericana escribe: «La única razón por la cual todo eso no me enferma es que no lo leo. Jamás leo la prensa. ¿Cómo puede llegar alguien a leerla? Virtualmente todo es mentira, y uno tiene que vadear tales corrientes de palabrería...»[36]. También su secretario personal, Walter Hooper, cuenta algo al respecto: «"¿Quién es Elizabeth Taylor?" me preguntó C. S. Lewis. Estábamos hablando sobre la diferencia entre "gracia" y "belleza", y yo había sugerido que Miss Taylor era una gran belleza. "Si leyeras la prensa", le dije a Lewis, "sabrías quién es". "¡Ah!" respondió Lewis, "pero es así como me conservo limpio del mundo". Me recomendaba que si absolutamente tengo que leer la prensa, me diera un frecuente enjuague con *El señor de los anillos* o algún otro gran libro»[37].

Ahora bien, esta crítica de la prensa desde luego no es nada particular de Lewis: cualquiera puede divagar sobre la charlatanería o la liviandad del periodismo. Pero conviene ser cauteloso en esta crítica de la prensa. Pues es poco probable que una profesión tenga el monopolio de los charlatanes y que el resto nos encontremos a salvo. Lewis al menos era igualmente sospechoso —como veremos más adelante— respecto de su propia profesión, la de crítico literario. Con todo, hay en su obra al menos una ocasión en la que dice respecto del periodismo, o más bien sobre un mundo dominado por la opinión, algo verdaderamente incisivo, una crítica propia de él y nada de trivial. En *El regreso del peregrino*, la Razón (personificada) pregunta al joven peregrino por qué es incapaz de vivir buscando respuestas. «No lo sé, nunca lo he intentado», responde éste. La Razón replica que tiene que aprender a vivir en dicha tensión si quiere llegar lejos de la mano de ella. Y a propósito de ello hace una precisión: hay ciudades donde no se puede llevar tal género de vida, «porque la gente que vive ahí está obligada a emitir una opinión una vez a la semana o una vez al día». En condiciones como

---
[36] Lewis, C. S., *Letters to an American Lady*, Eerdmans, Grand Rapids, 1987, p. 47.
[37] Hooper, Walter, «Introduction» en Lewis, C. S., *Present Concerns*, Collins, Londres, 1986, p. 8.

ésas parece efectivamente imposible que haya genuina búsqueda sostenida de la verdad. «Pero aquí en el campo abierto puedes caminar todo el día, y también el día siguiente, teniendo en mente una pregunta para la que aún no tienes respuesta: nunca tendrás necesidad de hablar hasta que hayas aclarado tus pensamientos»[38].

Tomemos nota del sentido de esta crítica a un mundo dominado por medios de comunicación masiva: el centro del argumento no es una crítica a la libertad de expresión, sino una defensa de la libertad de pensamiento, que se puede ver ahogada por el deber de andar «expresándonos» en cada momento. Lewis trabajó en la universidad, uno de los «campos abiertos» que menciona la Razón, sin la presión de tener que estar dando opiniones. Veremos a continuación a qué verdades llegó en la búsqueda que ese campo abierto le permitió. Pero partiremos por lo que Lewis creía que era el tal vez principal obstáculo del hombre moderno en la búsqueda de la verdad, el «esnobismo cronológico».

---

[38] Lewis, C. S., *The Pilgrim's Regress. An Allegorical Apology for Christianity, Reason and Romanticism* en *The Collected Works of C. S. Lewis*, Inspirational Press, Nueva York, 1996, pp. 50-51.

El progreso y la visión lewisiana de la historia

1. Entre progresismo y crítica de la civilización

Una afirmación reiterada en los escritos de Lewis es la de que el siglo XX conoció una situación del todo inédita, en buena medida creada por ideas del XIX. La idea es desarrollada por Lewis en forma sistemática en *La abolición del hombre*, pero también en ensayos menores encontramos algunas iluminadoras aproximaciones al problema. Nos podemos acercar a esta idea de Lewis a través de sus comentarios a la noción de progreso. *El funeral de un gran mito*, *¿Es posible el progreso?* y su charla inaugural en Cambridge, *De Descriptione Temporum*, son los textos que mejor nos aproximan a la cuestión.

Varios pasajes de su obra nos dan a entender que Lewis considera que el rasgo más característico del pensamiento moderno sería su progresismo o evolucionismo. El propio Lewis se había fascinado en su juventud con una variante de la creencia en el progreso: en H. G. Wells había encontrado no sólo a uno de los padres de la literatura de ciencia ficción, sino también la obra *Bosquejo de la historia*, una breve historia universal presentada como creciente progreso; y si bien según Wells dicho progreso culminaría en una sociedad socialista —idea que Lewis nunca compartió—, Lewis sí tenía por dogma fundamental en sus primeros años, como cualquier otro intelectual de la época, tal creencia en el progreso. Por años tuvo lo que describe como «La Gran Guerra» al respecto con su amigo Owen Barfield[39]. Una de las creencias básicas del hombre moderno parece, en efecto, ser la de que todo cambio es necesariamente un cambio para mejor. Y esto no sólo si consideramos cada vida individualmente, sino también si miramos la totalidad de la historia: una «vuelta» —en cualquier área de la vida— a condiciones de otros siglos sería entendida no como una mera «vuelta», sino también como un retroceso. Aunque por otra parte —y tendremos que volver sobre eso más adelante— hay un área donde el hombre moderno —y precisamente quienes parecen ser más de avanzada— ha empezado a entender que una vuelta atrás no necesariamente es un retroceso: la relación con el resto de la creación, la preocupación por el equilibrio de la naturaleza. Pero eso no ha roto aún con el progresismo como patrón general de pensamiento.

De este modo, un término descalificativo como «estancamiento» —o expresiones sinónimas— ha venido a reemplazar en el lenguaje cotidiano a todo lo que signifique permanencia, llevando a algunos indudables sinsentidos. Lewis lo describe con característica gracia en su ensayo *El veneno del subjetivismo*: «Si el agua permanece inmóvil demasiado rato, apesta. Pero concluir a partir de ahí que todo lo que permanece inmóvil es de algún modo impuro, es caer víctima de la metáfora. El espacio no apesta por haber conservado sus tres dimensiones desde el comienzo. El cuadrado de la hipotenusa no se ha enmohecido por seguir equivaliendo al cuadrado de los otros dos lados. El amor no se ve deshonrado por la constancia. Cuando lavamos nuestras manos estamos buscando el estancamiento, y estamos "retrocediendo el reloj", artificialmente restaurando nuestras manos al status quo en el cual comenzaron el día y resistiendo la tendencia natural de los eventos que haría aumentar constantemente su suciedad desde nuestro nacimiento hasta nuestra muerte. Reemplacemos el término emotivo "estancado" por el puramente descriptivo "permanente". ¿Un criterio moral permanente obstruye el progreso? Por el contrario, si no tenemos un criterio no sujeto a cambio, el progreso es imposible. Si el bien es un punto fijo, al menos es posible que nos acerquemos más y más a él; pero si el punto de llegada es tan móvil como el tren, ¿cómo

---

[39] Lewis, C. S., *Surprised by Joy*, Fontana Books, Londres, 1960, p. 166.

puede el tren progresar hacia él? Nuestras ideas sobre el bien podrán cambiar, pero no pueden cambiar ni para bien ni para mal si no hay un bien absoluto e inmutable al cual se puedan aproximar o del cual se puedan alejar. Podemos efectuar una suma de modo que nos aproximemos cada vez más a la respuesta correcta, sólo si la respuesta correcta está "estancada"»[40]. Una noción fija de bien —lo que parte de la mentalidad contemporánea parece tan resueltamente rechazar— parece pues ser condición incluso para que sea cierto aquello que ella tiene en más alta estima: el progreso.

No sólo en sus ensayos sobre temas contingentes y en su obra literaria se refiere nuestro autor a la cuestión del progresismo, sino también en sus obras eruditas de crítica literaria se torna para él necesario comentarlo: el progresismo es un rasgo tan dominante en el pensamiento contemporáneo, que nuestro acceso a las obras literarias antiguas se ve entorpecido hasta que comprendemos la gran distancia que hay entre la visión clásica de la historia y la dominante hoy en día. Así, por ejemplo, en *La imagen del mundo*, comentando la influencia de *La consolación de la filosofía* de Boecio, Lewis explica: «Boecio deja caer como un axioma la afirmación de que todas las cosas perfectas son anteriores a todas las imperfectas. Era un principio común a casi todos los pensadores antiguos y medievales, excepto los epicúreos. Ya he puesto de relieve la diferencia radical que esto supone entre su pensamiento y los conceptos desarrollistas o evolucionistas de nuestra época, diferencia que quizás no deje de afectar a zona o nivel alguno de la conciencia»[41]. En efecto, la imagen clásica del mundo, representada en este aspecto de modo más perfecto por el platonismo, supone precisamente que un bien parcial sólo puede existir por participación de cierto bien perfecto, completo. Y que lo mismo ocurre no sólo con el bien, sino también con la belleza, la justicia, etc.: de las cosas perfectas derivan las imperfectas. La mentalidad moderna ha invertido esta relación, suponiendo que todo avanza desde estructuras simples a estructuras más

---

[40] Lewis, C. S., «The Poison of Subjectivism» en *Christian Reflections*, Geoffrey Bles, Londres, 1967, p. 76.
[41] Lewis, C. S., *La imagen del mundo. Introducción a la literatura medieval y renacentista*, Barcelona, Península, 1997, p. 71.

complejas, y suponiéndose a sí misma como lo más perfecto, como la culminación de la imperfecta historia humana anterior. La polémica de Lewis en contra de dicha mentalidad, cuestión que atraviesa casi toda su obra, no constituye un debate en contra de alguna teoría científica de la evolución. Los ataques de Lewis tienen un blanco más específico y más general a la vez, el cambio que las teorías evolucionistas han producido en la mente del hombre común. «Lo que llamo desarrollismo es la extensión de la idea evolucionista mucho más allá del campo de la biología; de hecho, es su adopción como el principio clave de la realidad»[42], nos dice en uno de sus ensayos. Resulta, en efecto, sorprendente la manera en que la idea de progreso se manifiesta en las distintas ramas del saber durante el siglo XIX y, de manera más moderada, en el XX. El caso más evidente puede ser el de la biología, pero existe un «optimismo» por lo menos tan claro en figuras como Marx, Comte o Hegel.

Una de las características de tal progresismo es su antifaz de ciencia. Desde luego es una característica no sólo del progresismo, sino común a todo movimiento ideológico que intenta legitimarse en la edad moderna, en la que las ciencias empíricas se han convertido en el modelo de conocimiento. En ese sentido constituye uno de los logros más notables de Lewis mostrar el origen poético antes que científico del progresismo. Hoy ya es común el hablar acerca del «mito del progreso». Ahora bien, esto —el uso de la palabra «mito»— suele obedecer entre nosotros al simple hecho de que el siglo veinte sufrió un desencantamiento respecto de las ilusiones de la centuria anterior: ya no creemos que haya una ley del progreso, sino que simplemente fue un mito. Conviene, pues, notar que no es sólo atendiendo a esa experiencia posterior que Lewis habla de un mito del progreso, sino fundamentalmente atendiendo a los orígenes imaginativos del progresismo. «Lo llamo un mito porque es, como he señalado, el resultado imaginativo y no lógico de lo que vagamente se hace llamar "ciencia moderna". Hablando estrictamente, debo confesar que no existe nada semejante a la "ciencia moderna". Sólo hay ciencias particulares, todas

---

[42] Lewis, C. S., «Modern Man and His Categories of Thought» en *Present Concerns*, Collins, Londres, 1986, p. 63.

en un estado de cambio acelerado, y muchas veces en un estado de inconsistencia unas respecto de otras. Lo que el mito utiliza es una selección de las distintas teorías científicas —una selección desde un comienzo hecha en obediencia a necesidades imaginativas y emocionales, y luego reajustada conforme a esos mismos criterios. Es el fruto de la imaginación popular, movida por su apetito natural por la impresión de unidad. Trata por tanto sus datos con gran libertad— seleccionando, pasando por alto, expurgando y añadiendo a voluntad»[43]. Lewis se cuida aquí de no culpar a la ciencia misma por este resultado: no es ella la que es guiada por un esquema general de progreso; es más bien la imaginación de los divulgadores populares de la ciencia la que toma los datos de la ciencia y los fuerza hasta lograr una impresión de unidad que se acomode a nuestros anhelos emocionales.

Pero lo que aquí más nos interesa es que la política moderna sólo es posible con este mito. Es él el que nos tiene convencidos de que los cambios son siempre para mejor. Olvidando que tanto en la vida de las especies como en la vida de los individuos hay cambios para mejor y cambios para peor, el progresismo popular nos tiene convencidos de que no hay cambio que pueda significar un mal o devolvernos a una etapa anterior del pretendido progreso. «Si los casos de degeneración fueran tenidos en mente sería imposible dejar de ver que un cambio en la sociedad es tan capaz de destruir nuestras libertades y apacibilidad como de añadir nuevas libertades, que el peligro de retroceder es por lo menos tan grande como la posibilidad de avanzar, que una sociedad prudente debe utilizar por lo menos tanta energía en conservar lo que tiene como en intentar avanzar. [...] Grandes grupos tienen intereses creados en la permanencia del mito. Debemos, por lo tanto, esperar la supervivencia del mito en la prensa popular (incluyendo la prensa ostensiblemente cómica) largo tiempo después de que haya sido expulsado de los círculos educados»[44]. Hoy nos detenemos ante este mito como

---

[43] Lewis, C. S., «The Funeral of a Great Myth» en *Christian Reflections*, Geoffrey Bles, Londres, 1967, pp. 82-83.
[44] Ibid., pp. 92-93.

ante una pieza de museo, sólo para exclamar «¡cómo pudieron creer en algo así!». Pero Lewis indudablemente tiene razón en que si bien el progreso hace décadas que ya no constituye la fe de ningún filósofo de talla mayor, sobrevive como ideario de intelectual de segundo rango y como justificación de políticas públicas. Y así tiene sentido, de la mano de Lewis, seguir exponiéndolo como el error que es.

Pero conviene terminar con una precisión. Tras el derrumbe del mito del progreso la nota dominante del mundo intelectual fue el simple desencanto. De seguir dicha corriente, Lewis se podría haber vuelto un simple pesimista. Pero él mismo declara ser un «completo escéptico» respecto de cualquier cosa que pretenda ser una «filosofía de la historia»: «No sé nada sobre el futuro, ni siquiera si acaso habrá un futuro. [...] No sé si la tragicomedia humana está en el acto I o V, si nuestros desórdenes actuales son los propios de la infancia o de la ancianidad»[45]. No vamos a encontrar en él un intento por caracterizar «el espíritu de los tiempos», y así, aunque es un vigoroso crítico del mundo en el que le tocó vivir, su crítica no es la del desencantado que sólo espera un pronto final. En contraste, tal vez podríamos decir que hoy vivimos en medio de una irónicamente muy buena convivencia de esas dos tendencias: por una parte están quienes han revivido el más ingenuo progresismo, por otra parte están quienes hacen alarde de su «decepción» o «desencanto», y desde dicha trinchera critican con cinismo todo lo que parezca «progreso» o «civilización». Ambas posiciones —fe en el progreso y crítica de la civilización— se presentan de hecho como la vanguardia. Lewis no sólo toma distancia del progresismo, sino también de esta cultura del mero desencanto. En *El regreso del peregrino* se encuentra una de las escenas más elocuentes al respecto. El protagonista de la obra dice no haber entendido una reciente producción musical, a lo cual la artista responde en tono de reproche que «eso es porque todavía estás buscando be-

---

[45] Lewis, C. S., «De Descriptione Temporum» en *They Asked for a Paper*, Geoffrey Bles, Londres, 1962, p. 12.

lleza». Otros continúan reprochándole no haber asumido que «la sátira es el verdadero motor de la música moderna». «La realidad se ha venido abajo», afirma otro. La causa de esta decepción universal, según le explica otro de los personajes, es la guerra (en alusión a la Primera Guerra Mundial como causa del derrumbe del mito del progreso): «perdimos nuestros ideales cuando hubo una guerra en nuestro país». Pero el protagonista, con el que se identifica Lewis, simplemente responde consternado: «Pero miren, esa guerra fue hace muchos años. No fueron ustedes, sino sus padres los que pelearon en ella. Y ellos ya se han recuperado y viven vidas comunes y corrientes»[46]. De la mano de estas palabras podemos volver la mirada a la caracterización hecha en la introducción: Lewis se encuentra aquí en un término medio, pero que no es un *mero* término medio; no es una mezcla de radicalismo y sensatez, progresismo y crítica cínica de la civilización, sino la creencia en que puede haber mejoras en la realidad, pero que evaluar si realmente los cambios son mejoras requiere tener un criterio distinto del mero cambio.

2. Salvando el sentido del progreso

Lewis no resulta pues ser un crítico cínico del progreso y la civilización. De hecho no podemos simplemente esperar que la palabra progreso desaparezca del vocabulario de la política o de la ética. No deberíamos desearlo, porque estaríamos perdiendo un concepto: con la palabra progreso lo que hacemos es evaluar cambios y, en concreto, evaluarlos positivamente. No sería deseable que perdamos tal capacidad, ni que tengamos que inventar una palabra nueva para designarla. Además, tal como es imperativo ser cauteloso ante el progresismo, es imperativo ser cauteloso ante la tendencia contraria, la crítica radical de la civilización. ¿Qué hacer entonces para que la palabra progreso no pierda todo sentido? Al respecto podemos detenernos en algunas

---

[46] Lewis, C. S., *The Pilgrim's Regress. An Allegorical Apology for Christianity, Reason and Romanticism* en *The Collected Works of C. S. Lewis*, Inspirational Press, Nueva York, 1996, p. 37.

observaciones de Robert Spaemann, de aquella de sus obras en la que reconoce expresamente estar inspirado por Lewis[47].

Spaemann sugiere que podemos hablar de dos tipos de progreso. Así es como cada etapa en la construcción de una casa es un progreso y cada paso en la educación de un niño constituye un progreso; pero ambos son progresos muy distintos. En el primer caso, el de la construcción de una casa, hay una especie de concentración total en el fin: una casa que queda a medio construir puede ser tan inhabitable como una casa cuya construcción llega a un tercio. Lo que queremos es la casa terminada. De hecho, sólo llamamos progresos a las etapas intermedias de la construcción. El último paso, por ejemplo, la instalación de la electricidad, ya no es un progreso, sino la culminación. Se terminó de construir la casa, el objetivo está logrado. Y si el objetivo no hubiera sido logrado, todo habría sido en vano. Este es el tipo de progresos que calificaremos con Spaemann como progresos del tipo A. Muy distinto es el caso de los progresos que hace el niño en el estudio. Ciertamente esperamos aquí también que se alcance un cierto fin: una persona educada. Pero hay una notoria asimetría en relación a la construcción de la casa: un niño a medio educar no es como una casa a medio construir; la casa no sirve, el niño sí «sirve». Podemos preferir un niño totalmente educado, pero un niño a medio educar es en cierto sentido algo ya «completo». Y la diferencia está dada porque el niño —incluso sin educar— ya era algo «acabado». Se trataba de un progreso del tipo B: una mejora, pero una mejora de algo que ya es un fin —por ejemplo, una persona, una amistad—, mientras que en la construcción de la casa las múltiples mejoras tienen por objetivo el llevar al fin.

Para dar contenidos razonables a la idea de progreso, parece ser indispensable deshacernos de la idea de que haya algún tipo de progreso del tipo A para la humanidad como tal. Los seres humanos ya son lo que tienen que ser, y no son una etapa intermedia que

---

[47] Las observaciones que siguen están tomadas de «Unter welchen Umständen kann man noch von Fortschritt sprechen?», en Spaemann, Robert, *Philosophische Essays*, Reclam, Stuttgart, 1994, pp. 130-150 (trad. cast. *Ensayos filosóficos*, Ediciones Cristiandad).

deba ser superada por algún tipo de «superhombre». En cambio, sí puede haber para los hombres muchos progresos particulares, progresos accidentales —lo cual no quiere decir poco importantes. En suma: sí podemos esperarnos progresos del tipo A, es decir, cambios sustanciales para las cosas exteriores a nosotros; y en cambio, progresos del tipo B, accidentales, para nosotros: progresos sustanciales en la superación de la pobreza, progresos accidentales en nuestra propia formación. Esto, sumado a un modo de hablar más sobrio, consistente en no hablar de un progreso general, en singular y abstracto, sino siempre de progresos concretos, haría viable que la palabra progreso vuelva a jugar un rol sano en la vida pública.

3. El gran vuelco y la visión lewisiana de la historia

La posición de Lewis contra el progresismo es no sólo una toma de posición contra éste, sino contra cualquier intento por atribuir a la historia un sentido interno claramente discernible, contra cualquier intento por discernir un «espíritu de los tiempos». En un clásico texto san Agustín ya se había burlado de ese tipo de intentos. «Tiempos buenos, dicen unos; tiempos malos, dicen otros. ¿Pero qué es eso de "los tiempos"? Nosotros somos los tiempos, y como nosotros seamos, tales serán los tiempos»[48]. En el mismo espíritu de Agustín, Lewis escribe que «en toda época nos encontramos con que cada una de las más increíbles opiniones ha sido sostenida por alguien»[49]. Se opone así a todo intento por identificar un significado interno a la historia: por ejemplo, a ver tal o cual suceso como el «juicio de la historia» contra alguien, o el ver la historia como una «revelación»[50]. Hemos visto que Lewis se concentra en esto sobre todo contra el progresismo, pero también contra el decadentismo desilusionado.

---

[48] Agustín de Hipona, sermón 80, 8.
[49] Lewis, C. S., *Oxford History of English Literature in the Sixteenth Century Excluding Drama*, Clarendon Press, Oxford, 1954, p. 41.
[50] Véase su artículo sobre el historicismo en *Christian Reflections*, Geoffrey Bles, Londres, 1967.

Ahora bien, esta huida de los intentos por identificar con excesiva claridad un espíritu de los tiempos, no es incompatible con sostener una determinada visión de la historia. Y las distintas visiones de la historia son una buena puerta de acceso al pensamiento de un autor: ahí no sólo nos revela cuándo cree que el mundo se ha vuelto mejor o peor, sino cuándo cree que nos han intentado engañar al respecto, con una versión rival de la historia. Como historiador de la literatura Lewis nos ha dejado claro lo que piensa al respecto. Para verlo podemos volver a plantearnos aquello con lo cual iniciamos este capítulo: los cambios producidos en la vida humana producto del progresismo del siglo XIX, ¿constituyen verdaderamente el vuelco más grande de la historia humana (occidental), creando una situación del todo inédita? El problema es abordado por Lewis a propósito de cuestiones puramente literarias, al inaugurar su cátedra de literatura inglesa medieval y renacentista, con la charla *De Descriptione Temporum*. Ahí se pregunta cuál es la más grande división, el más grande quiebre en la historia de la humanidad. El paso de la Antigüedad a los siglos que la suceden es descartado como el quiebre fundamental por Lewis. La razón para situar la ruptura en ese momento generalmente ha sido que ahí se situaría la más grande pérdida del saber clásico. Pero, si bien eso pudo ser cierto durante siglos, indica nuestro autor, está claro que a nosotros nos ha tocado ver una pérdida mucho más considerable de la educación clásica durante nuestras propias vidas. Con el agravante de que no ha sido por causas externas como migraciones bárbaras, sino que la hemos abandonado voluntariamente.

Igualmente está descartado el paso de la Edad Media al Renacimiento: Lewis está inaugurando una cátedra que tratará en forma conjunta el período, precisamente porque no le parece que exista ahí alguna considerable ruptura. «No creo mucho —escribe en su autobiografía— en el Renacimiento como suelen describirlo los historiadores. Mientras más reviso la evidencia, tanto menos encuentro huellas de aquel éxtasis primaveral que habría atravesado Europa en el siglo XV»[51]. Haremos bien en notar que con eso

---

[51] Lewis, C. S., *Surprised by Joy*, Fontana Books, Londres, 1960, p. 61.

Lewis dice algo que puede parecer sorprendente para cierto público, pero que no es ninguna extravagancia: el estar atentos a la continuidad entre la Edad Media y el Renacimiento es una nota distintiva de los mejores estudios hechos hoy sobre el período. Pero las dudas de Lewis respecto de que haya existido un tan llamativo «Renacimiento» son por supuesto también dudas respecto del modo usual de caracterizar la Edad Media y, sobre todo, la literatura y el pensamiento medieval: el «odio hacia la Edad Media» lo califica como el «principal rasgo negativo»[52] de los humanistas del Renacimiento. Tal vez Lewis piensa que es el principal rasgo negativo por ser lo que más claramente hemos heredado generaciones posteriores de parte del humanismo: que la Edad *Media* —con sus mil años de teología, metafísica, jurisprudencia, cortesía, poesía y arquitectura— deba ser considerada como un mero entremés o vacío. Pero tal idea absurda, sentencia Lewis, «sólo podría ser aceptada si nos tragamos de golpe el credo completo de los humanistas»[53]. Pero Lewis no lo aceptaba, porque veía el humanismo renacentista no como una revuelta filosófica contra la escolástica medieval, sino como la revuelta del mero «hombre de letras» que no refuta sino que se burla. «La guerra entre los humanistas y los escolásticos —sentencia— no fue una guerra entre ideas, sino, de parte de los humanistas, una guerra contra las ideas»[54].

Algunos podrían ver de todos modos el siglo XVI como el gran siglo de quiebre de la historia humana, pues ahí además del Renacimiento se encuentra la Reforma protestante. Tendremos ocasión de ver algo más de lo que Lewis piensa de ella en un capítulo posterior. Pero por lo pronto hay un argumento sencillo por el que en el actual contexto puede ser descartada como el hito decisivo: que en el siglo XVI no hubo una línea que separara de modo nítido a «medievales» de «modernos», ni menos poniendo a los protestantes en el segundo de esos grupos. «Un hombre

---

[52] Lewis, C. S., *Oxford History of English Literature in the Sixteenth Century Excluding Drama*, Clarendon Press, Oxford, 1954, p. 28.
[53] Ibid., p. 20.
[54] Ibid., p. 30.

católico, si se trataba de un humanista, podía despreciar a los escolásticos, un protestante, si era un filósofo, los podía tratar con reverencia»[55]. Y eso vale en particular para la ética social. Lewis llama la atención sobre reformadores como Tyndale, que trabajan de principio a cabo sobre principios medievales[56]. Hubo desde luego grandes cambios en el siglo XVI, pero para Lewis no se encuentra aquí el «gran vuelco».

Si no es el siglo XVI el de la gran ruptura, lo natural será pensar en el siglo XVII, ya un siglo moderno, ya de una filosofía moderna. Si consideramos la historia del pensamiento aisladamente, Lewis apostaría por dicho momento. Lewis es sin duda crítico respecto de muchas de las notas predominantes del pensamiento que nace en este período. Pero hay una acusación, un epíteto común con que se critica a este período, que no encontramos en su obra: racionalismo. Ciertamente cree que hay un problema en cómo se empezó a entender la razón, pero tal vez el hecho de que no lance la acusación en términos de racionalismo sea para evitar un malentendido. Después de todo, podría sonar —en la boca de muchas personas de hecho suena— como si el problema simplemente hubiese sido que se intentó ser *demasiado* racional. Pero para Lewis tal acusación sonaría tan absurda como si se acusara a alguien de ser demasiado bueno. Por supuesto hay vicios emparentados con la bondad, como el ser un mero bonachón, y asimismo hay vicios relacionados con la racionalidad, como una inadecuada relación entre razón y sentimientos; pero en ningún caso la respuesta está en ser moderadamente racional o *más o menos* bueno. De hecho, cuando Lewis critica a la modernidad la critica precisamente llamándonos a ampliar nuestro concepto de razón, por ejemplo, a la razón práctica, no a la mera constatación de hechos[57].

Pero considerando la historia no en términos de una aislada historia del pensamiento, sino como historia de nuestra cultura en término generales, Lewis llega finalmente a lo que está buscando:

---

[55] Ibid., p. 31.
[56] Ibid., p. 35.
[57] Lewis, C. S., *La abolición del hombre*, Encuentro, Madrid, 1990, p. 36.

«es siguiendo estos pasos que he llegado a considerar como la más grande división de la historia de Occidente aquélla que nos separa, digamos, de la época de Jane Austen y Scott»[58]. Revisemos los cuatro criterios que son aducidos por Lewis en favor de su tesis. 1. En lo político Lewis afirma tener su argumento más débil. Se trata de lo siguiente: «En todas las restantes épocas que puedo recordar el fin principal de los gobernantes, excepto por breves y extraños intervalos, era lograr paz para sus gobernados, impidiendo o extinguiendo la expandida inquietud y persuadiendo a los gobernados de que atendieran tranquilamente a sus variadas ocupaciones. [...] Ahora la organización de agitaciones masivas parece ser el órgano normal del poder político». 2. En las artes el cambio producido en este período no tiene rivales. La poesía moderna es nueva en un sentido muy distinto del que hacía nueva cualquier poesía anterior. La poesía anterior podía ser difícil. La poesía alejandrina podía suponer un lector muy culto. Pero todo lector culto, capaz de leer poesía alejandrina, coincidía respecto de su significado. Sólo en la poesía producida en este reciente período ocurre esta absoluta novedad: que siete expertos que han dedicado su vida al estudio de un autor pueden tener opiniones diametralmente opuestas sobre el posible significado de un pequeño poema. No nos preocupa aquí si éste es un cambio positivo o negativo, pero es un cambio sin par. 3. La descristianización. Desde luego ya en los tiempos de Jane Austen, y mucho antes, había escépticos. Pero un cierto grado de práctica y creencia religiosa era la regla. No se está emitiendo aquí un juicio respecto de la cantidad de cristianos sinceros que ha habido en una época u otra, pues sobre eso es imposible que tengamos la menor idea. Pero la descristianización implica también un cambio cultural: no estamos «recayendo en el paganismo», como se podría escuchar decir a muchos cristianos —una sugerencia que hacía perder la paciencia a Lewis. «Un hombre postcristiano no es un pagano; si así fuera podría igualmente pensarse que una mujer casada recupera su virginidad mediante el divorcio. El postcristiano está desligado del pasado cristiano y, por tanto, doblemente

---

[58] Lewis, C. S., «De Descriptione Temporum» en *They Asked for a Paper*, Geoffrey Bles, Londres, 1962, p. 17.

desligado del pasado pagano»[59]. Lewis se encuentra tan convencido de esta radical novedad del postcristiano, doblemente desligado del pasado, que en más de algún lugar de su obra sugiere que casi sería necesario reconvertir a los hombres al paganismo, para desde ahí moverlos hacia el cristianismo. Y en todo caso, que la descristianización de Europa significa para ella un cambio más radical que el que significó su cristianización. 4. «Finalmente, juego mi carta de triunfo. Entre Jane Austen y nosotros, pero no entre ella y Shakespeare, Chaucer, Alfred, Virgilio, Homero o los faraones, se da el nacimiento de las máquinas»[60]. Este acontecimiento, que cambia el lugar del hombre en la naturaleza, ha sido tan celebrado que Lewis no se dedica a considerar sus posibles efectos sociales o económicos positivos, sino que se limita a considerar sus consecuencias psicológicas. ¿Cómo es que en la publicidad la palabra «reciente» significa siempre «mejor»? ¿Cómo es que hemos dejado de lado el término «permanencia», para utilizar un término despectivo como «estancamiento»? En otros tiempos hablar de Iglesia «primitiva» equivalía a estar hablando de algo ejemplar, que el resto del cristianismo tenía por modelo. Hoy la palabra «primitivo» parece tener sólo resonancias negativas. Lewis no duda en atribuir esto al cambio de mentalidad producido en nosotros por la aparición de las máquinas. En ellas, efectivamente, lo más nuevo parece ser siempre lo mejor. Si no todos sus argumentos son concluyentes, al menos hay que conceder a Lewis que la acumulación de indicios en una misma dirección habla fuertemente a favor de su tesis.

Debemos acabar este capítulo con claridad respecto de cuál puede ser la importancia de lo que hemos visto hasta aquí. Hemos comenzado por este problema, ya que las consideraciones de Lewis sobre la retórica progresista-cientificista pueden contribuir a eliminar obstáculos que la mente contemporánea constantemente encontrará para aceptar tesis de Lewis en otras materias. Pues Lewis por lo general se relaciona de modo polémico con la modernidad, no rechazándola arbitrariamente en bloque, pero sí indican-

---

[59] Ibid., p. 20.
[60] Ibid.

do que hay que tener una necesaria dosis de escepticismo ante ella. Porque el juicio de Lewis sobre quienes intentan vivir sólo en el presente o el futuro es rotundo: «En nuestras vidas individuales, tal como nos han enseñado los psicólogos, no es el pasado recordado, sino el pasado olvidado el que nos esclaviza. Creo que lo mismo es cierto para la sociedad. Estudiar el pasado nos libera del presente, nos libera de los ídolos de nuestro propio mercado»[61]. Pero esto es además importante en un sentido más. En nuestro primer capítulo presentamos a Lewis como un defensor de la razón. ¿Pero qué significa eso? ¿Defensor de Kant? ¿De Comte? ¿De una «cosmovisión científica»? El presente capítulo debiera por el contrario mostrarnos cuán atento está Lewis a deformaciones específicamente modernas de la racionalidad. Si no estamos atentos ante esa advertencia, hay un riesgo de que el llamado del capítulo anterior a que seamos defensores de la razón sólo nos lleve a profundizar más en nuestros errores —y un error defendido con mejores argumentos no es lo que queremos. Por último, el llamado a dejar de buscar muy afanosamente un «espíritu de los tiempos» tiene otra razón práctica de importancia. Lewis cree que quienes se embarcan en tal búsqueda normalmente están buscando establecer cuál es tal «espíritu» para unirse a él: creen que la tarea de la vida humana es simplemente plegarse hacia donde van las cosas, identificando lo correcto con lo que va a ganar. Pero las personas verdaderamente proféticas no son las que se han «adelantado» a sus tiempos, sino las que se han vuelto críticas de los mismos. Con eso en mente, dirijámonos a continuación a aquel texto de Lewis que más propiamente podría ser calificado de profético.

---

[61] Ibid., p. 23.

Manipulación y abolición del hombre

1. Las utopías pesimistas

En *Esa fuerza maligna*, novela con que concluye su trilogía cósmica, encontramos uno de los mejores retratos de los problemas políticos, éticos y filosóficos tratados por Lewis en forma dispersa en sus textos más teóricos. Podría decirse que se trata del equivalente lewisiano a *1984* o *Un mundo feliz*, las grandes utopías pesimistas de Orwell y Huxley. Aunque resulta difícil creer en este caso lo que Lewis dice de sus *Crónicas de Narnia*, esto es, que «todo nació con una imagen»[62], y que la transmisión de una determinada verdad siempre fue el segundo momento de su producción literaria[63]. En *Esa fuerza maligna* es (tal vez demasiado) evidente el afán de Lewis por transmitir sus ideas. Como confiesa en el prólogo de la novela, «esto es sólo un cuento, pero hay tras ello un punto serio que he intentado transmitir en *La abolición del hombre*»[64]. ¿En qué consisten entonces las utopías pesimistas? En la sociedad retratada por Lewis se da una alianza entre el Estado y la ciencia moderna. No se trata de que la ciencia moderna conduzca al infierno, sino, como señala Lewis en réplica a un crítico marxista de su novela, que «bajo las condiciones modernas, toda invitación efectiva al infierno ciertamente aparecerá tras el disfraz de la planificación científica»[65]. La experimentación científica con seres

---

[62] Lewis, C. S., *On Stories and other Essays on Literature*, Harcourt Brace, Nueva York, 1982, p.53.
[63] Lewis, C. S., *Of This and Other Worlds*, Collins, Londres, 1982, pp. 78-79.
[64] Lewis, C. S., *That Hideous Strength*, Scribner, Nueva York, 1996, p. 7.
[65] Lewis, C. S., *Of This and Other Worlds*, Collins, Londres, 1982, p. 104.

humanos, sea para la «re-educación» de convictos o para la producción de determinados tipos de seres humanos, sumada al poder total del Estado moderno, conduce a un tipo peculiar de totalitarismo. De hecho Lewis, incluso escribiendo en 1944, no tenía escrúpulos en hacer notar el parentesco entre algunos males del nacionalsocialismo y el mismo tipo de ideas en la mente de demócratas ingleses[66]. La novela contiene el mismo mensaje de fondo que las novelas de Orwell y Huxley, esto es, que un gobierno democrático no garantiza la libertad ni el bien para el hombre, sino que perfectamente puede haber, a través de la democracia, lo que Tocqueville llamó el «despotismo blando». *1984*, *Un mundo feliz* y *Esa fuerza maligna* nos muestran sociedades que formalmente conservan rasgos de la libertad política, pero en que el dominio de un puñado de hombres sobre el resto se da mediante otros mecanismos: la planificación social, el control de la prensa o la exaltación de la figura del «experto» cuando en realidad tratamos problemas que todo hombre puede resolver.

El tipo de educación que permite la irrupción de esta realidad se encuentra retratado por Lewis en la figura de Mark, el personaje más indeciso de la novela: «Debe ser recordado que en la mente de Mark ningún trozo de pensamiento noble, fuera cristiano o pagano, encontraba hospedaje seguro. Su educación no había sido ni científica ni clásica —simplemente "moderna". Las severidades tanto de la abstracción como de la alta tradición humana habían pasado por su lado sin tocarlo: y no tenía ni la agudeza campesina ni el honor aristocrático para defenderse»[67]. Por lo pronto notemos la idea de que la agudeza campesina o el honor podrían defendernos de una mala educación, pues en breve nos detendremos en el papel de la vida no intelectual en la educación. Pero la descripción de Mark prosigue en los siguientes términos: «No sabía adónde se dirigía, ni qué es lo que haría. Por años había creído de modo teórico que todo lo que aparece en la mente como motivo o intención sólo era un subproducto de lo que el cuerpo hacía. Pero durante el último

---

[66] Lewis, C. S., *La abolición del hombre*, Encuentro, Madrid, 1990, p. 72.
[67] Lewis, C. S., *That Hideous Strength*, Scribner, Nueva York, 1996, p. 185.

año —desde que era un iniciado— había comenzado a saborear como hecho lo que antes había sostenido en la teoría. En forma creciente, realizaba sus acciones sin motivo alguno»[68]. Cómo hemos llegado a impartir una educación semejante, es el tema precisamente de *La abolición del hombre*.

2. Sentimientos y razón en la educación

La abolición del hombre es el título con que se publicó en 1944 un conjunto de tres conferencias de Lewis, sus *Riddell Lectures*. El texto de dichas conferencias sobre la abolición del hombre es uno de los más densos de los escritos por Lewis. Es un texto que va desde la educación a la ética, la antropología, la teoría del conocimiento, los límites y propiedades de las ciencias naturales, la ecología, etc. Todo comienza de un modo muy propio de Lewis, esto es, no partiendo de un principio general, sino de la discusión de un problema particular, el que luego nos llevará a la discusión de los principios generales. Lewis no es el tipo de autor que parte preguntando si acaso creemos que hay normas morales que no es lícito transgredir; más bien partiría por preguntarnos si consideramos importante la fidelidad o si es digna de elogio la cobardía. Es desde nuestra respuesta a dichas preguntas que nos conduciría a ver lo que en realidad ya pensábamos sobre tales normas. El punto de partida para *La abolición del hombre* es un texto de educación escolar para la enseñanza del inglés. El afán de Lewis es estudiar la filosofía subyacente al texto. El texto escolar busca poner a los alumnos a salvo de toda propaganda, poniéndolos para este efecto a salvo de todo sentimentalismo (ya que son los sentimientos y no la razón los que presuntamente nos hacen presas fáciles de la propaganda). Esta es la enseñanza del texto escolar: «Esta confusión se nos presenta continuamente con el uso del lenguaje. Parece que nos estamos refiriendo a algo muy importante y, en realidad, *sólo* estamos haciendo referencia a nuestros propios *sentimientos*»[69].

---

[68] Ibid., p. 357.
[69] Lewis, C. S., *La abolición del hombre*, Encuentro, Madrid, 1990, p. 8. Mi cursiva.

Estas líneas —que, nótese bien, no son de Lewis sino de los autores del manual— representan algo que en filosofía moral se ha hecho llamar «emotivismo»[70]. La idea de que nuestros juicios morales, estéticos, religiosos, etc., en realidad sólo expresan preferencias personales. La frase «es por naturaleza injusto engañar» sólo significaría algo así como «no me gusta que me engañen». Ahora bien, Lewis no parte por enfrentar esta teoría de modo directo, sino que parte por mirar lo que ahí se dice sobre los sentimientos y el papel de los mismos en la educación moral. La gran queja de Lewis al comienzo de su análisis es que si bien existe un cierto sentimentalismo que con justicia es atacado por los autores del texto escolar, esto no se realiza a partir del contraste con sentimientos en verdad nobles, sino desde un racionalismo vulgar. Y esto conduce inevitablemente a que los niños consideren todo sentimiento no ya como una respuesta que las cosas merecen (como la admiración ante la naturaleza o la compasión ante el dolor), sino como una mera expresión de gustos subjetivos. Lewis se muestra sospechoso. No se espera mucho de una educación que critique el sentimentalismo sin contrastarlo con buenos sentimientos.

Uno de los textos antiguos que mejor muestra la visión clásica de la educación que Lewis busca reivindicar —contra los autores del texto escolar y contra las miles de ideas análogas en textos de hoy— se encuentra en la *República* de Platón. Ahí leemos que la juventud correctamente educada es la que «puede ver más claramente lo que es negativo en los esfuerzos desencaminados del hombre o en las obras descarriadas de la naturaleza, y con un justo rechazo despreciará y odiará lo que de horrendo encuentre, incluso en sus años jóvenes, y dará culto complacido a la belleza, aceptándola en su alma y haciéndola servir de sustento, a fin de convertirse en un hombre de noble corazón. Y todo esto antes de estar en edad de razonar; de modo que cuando la razón venga por fin a él, entonces, estando de ese modo educado, le abrirá sus brazos en señal de bienvenida y la reconocerá a causa de la afinidad que

---

[70] Al respecto véase el capítulo 2 de MacIntyre, Alasdair, *Tras la virtud*, Editorial Crítica, Barcelona, 1987.

sentirá por ella»⁷¹. Un alumno con sentimientos atrofiados no será corregido por llegar luego a una edad en que lo domine la razón. Si no es educado antes en sentimientos correctos, la razón llegará luego a una verdadera «tierra de nadie», donde ella tampoco tendrá nada que hacer. Hay pues que partir con una recta educación de los sentimientos, y años más tarde vendrá la razón para apoyar esto con argumentos.

Hay aquí —en esta valoración positiva de los sentimientos en la educación— una verdadera articulación de razón y sentimientos: los sentimientos están articulados con la realidad, expresan cosas que realmente existen, cosas que en verdad merecen que uno se alegre o llore por ellas. También la razón estará luego articulada con la realidad: su trabajo será precisamente afirmar verdades, esto es, decir cosas que corresponden con la realidad. Lewis considera que hay una tendencia moderna a desarticular sentimientos y razón. Los sentimientos son considerados como «meros» sentimientos, que no expresan nada semejante a un bien o una verdad; la razón, en tanto, como algo que se encarga simplemente de «hechos», sin ningún campo común con los sentimientos. Así, para quienes son presa de esta desarticulación, «el sentimiento, considerado por sí mismo, no puede estar en acuerdo o en desacuerdo con la razón. Es irracional no como un paralogismo, sino como un hecho físico: ni siquiera alcanza la dignidad del error. Bajo este punto de vista, el mundo de los hechos, sin rastro de valor alguno, y el mundo de los sentimientos, sin rastro de verdad o falsedad, justicia o injusticia, se encuentran enfrentados, sin posibilidad de acercamiento»⁷². Lo que aquí afirma Lewis, si bien lo hace de modo quizás excesivamente conciso, es una buena síntesis de lo ocurrido en la historia intelectual del último siglo. Lo podemos notar particularmente en el hecho de que hoy se hable tanto de «valores», algo que jamás habría cabido en la mente de alguien que viviera unos siglos atrás: cuando hablaban de cuestiones de moral, afirmando por ejemplo que la honestidad es buena, estaban hablando precisamente de

---

71 Platón, República, 402a.
72 Lewis, C. S., *La abolición del hombre*, Encuentro, Madrid, 1990, p. 24.

«hechos», no de «valores». Pero precisamente tales hechos no eran meros hechos, sino hechos cargados de valor: la razón no se encargaba de *meros* hechos ni los sentimientos expresaban *meros* gustos o valores subjetivos.

Al romperse este equilibrio, cuando la educación comienza a advertirnos contra todo sentimiento, sin enseñarnos a distinguir entre los correctos y los incorrectos, cuando se les enseña a vivir en dos mundos separados —uno de hechos duros y otro de blandos valores— se atrofia la sensibilidad de los alumnos. Y eso no es ninguna garantía contra la propaganda. La consecuencia es obvia: «Agotar la sensibilidad de nuestros alumnos es hacerles presa fácil del proselitista de turno. Su propia naturaleza les empujará a vengarse, y un corazón duro no es protección infalible frente a una mente débil»[73]. Se podría expresar la misma idea con cierto pasaje de Chesterton en *Ortodoxia:* «Todo el que no deja que se ablande su corazón tendrá que sufrir que se le reblandezca el cerebro»[74].

3. La ética tradicional en la encrucijada

Cuando se educa a alguien, se le entrega una visión de mundo. Se le entrega dicha visión de mundo enseñando sentimientos correctos, luego añadiendo razones. En cualquiera de los dos casos es imposible que se entregue algo neutro. Así como podemos evaluar a un padre por el tipo de hijo que pretende formar —y pocos padres sostendrían la insensatez de tener una posición «neutra» al respecto—, podemos evaluar las distintas concepciones políticas por el tipo de personas que quieren formar. Aunque de la boca hacia afuera se crea en la neutralidad, en cada acto político que no sea meramente técnico se entrega un contenido. ¿Qué tan distinto puede ser ese contenido? ¿Podría tratarse, por ejemplo, de una moral que con ciertas variaciones se encontraba en todas las grandes culturas? Pero los reformadores educacionales que Lewis está criticando en *La abolición del hombre* rechazan

---

[73] Ibid., p. 18.
[74] Chesterton, G.K., *Ortodoxia*, Alta Fulla, Barcelona, 1988, p.63.

dicha moral tradicional. Ahora bien, si las reformas educacionales que Lewis está criticando suponen dejar de lado la moral tradicional, esto significa inevitablemente que proponen algún otro tipo de moral —aunque sea inconscientemente—, porque no hay una educación sin contenido. Extrayendo algunos párrafos del texto de estudios, Lewis nos describe el tipo de moral que, consciente o inconscientemente, nos intentan transmitir. «Se debe notar que el bienestar y la seguridad, como se observan en un barrio residencial en tiempos de paz, son los valores últimos: se ridiculiza todo lo que por sí mismo puede producir bienestar y seguridad para el espíritu. El hombre vive sólo de pan y la fuente última de ese pan es la furgoneta de reparto de pan: la paz importa más que el honor»[75]. Aristóteles había enseñado que la sociedad había nacido por las necesidades básicas de la vida, pero que luego continuaba no sólo por la vida, sino por la vida buena, por los bienes más elevados[76]. La situación que describe Lewis es una vuelta a un estado en que la sociedad existe sólo por los bienes básicos de la vida, y no por la vida buena.

Pero volvamos al dilema del reformador educacional. Lewis se refiere a él con términos como «el innovador», «el manipulador». El gran problema que en este caso se presenta al innovador moral es cómo legitimar el tipo de moral que está proponiendo. Todas las culturas que ha conocido la historia de la humanidad han compartido un conjunto de preceptos comunes que Lewis en *La abolición del hombre*, con el fin de abreviar, llama el *Tao*. La situación del innovador es la de quien ha rechazado completamente el *Tao*, considerándolo un prejuicio religioso, una manifestación de intereses subjetivos o el mero reflejo de un estado emocional, y ahora busca encontrar, fuera del *Tao*, fuera de la ética tradicional, el fundamento para una nueva moral. Dado que ha desacreditado el sentimiento y ha dejado fuera toda posibilidad de apelar a la razón, parecen quedar en pie básicamente dos posibilidades: una es buscar alguna especie de valor más «fundamental», o «realista», o como quieran llamarlo, que

---

[75] Lewis, C. S., *La abolición del hombre*, Encuentro, Madrid, 1990, p. 33, n. 1.
[76] Véase Aristóteles, *Política* III, 9.

la moral tradicional, intentando así crear una especie de «nueva moral»; la otra es intentar abolir totalmente la idea de valor o la idea de una moral común por todos conocida.

A la primera de estas posibilidades Lewis responde, en forma más concisa que en *La abolición del hombre*, en el texto titulado *El veneno del subjetivismo*. Ahí describe en los siguientes términos al innovador moral: «Normalmente tiene en mente la idea de que si logra despojarse de un juicio de valor tradicional, encontrará otra cosa más "real" o "sólida" sobre la cual basar un nuevo esquema de valores. Dirá, por ejemplo, "debemos abandonar tabús irracionales y basar nuestros valores en el bien de la comunidad" —como si la máxima "debes promover el bien de la comunidad" fuera algo más que una variante polisilábica de "trata como quieres que te traten", que no tiene otro fundamento que el antiguo juicio de valor que pretende estar rechazando. O intentará basar sus valores en la biología y nos dirá que hay que actuar de un modo determinado, en aras de la preservación de la especie. Aparentemente no anticipa la pregunta "¿por qué debe ser preservada la especie?". Da por sentado que debe ser así, porque descansa sobre juicios de valor tradicionales. Si estuviera comenzando, como pretende, desde una pizarra en blanco, jamás llegaría a este principio. A veces lo intenta recurriendo al "instinto". "Tenemos el instinto de preservar la especie", nos podría decir. ¿Pero lo tenemos? Y si lo tenemos, ¿quién dice que debamos obedecer los instintos? ¿Y por qué obedecer a este instinto en particular de entre todos los instintos que compiten con el de la preservación de la especie? El reformador sabe que algunos instintos deben ser obedecidos y otros no, sólo porque está midiendo con una medida, y la medida, una vez más, es la moral tradicional que cree estar superando. Los instintos por sí solos obviamente no nos pueden dar razones para ordenar a los instintos en una jerarquía. Si no llevas un conocimiento de su comparativa respetabilidad *hacia* ellos, nunca lo podrás derivar *desde* ellos»[77]. La moralidad no puede ser reconstruida «desde afuera». Sí puede ser

---

[77] Lewis, C. S., «The Poison of Subjectivism» en *Christian Reflections*, Geoffrey Bles, Londres, 1967, p. 74.

mejorada, en el sentido de que se haga ver mejor a un determinado grupo de personas algo que no veían bien. Pero todas dichas mejoras son «desde dentro». Quien sale del *ethos* común, para buscar luego otro fundamento desde el cual reconstruir la moral, no lo encontrará. La posibilidad de una «nueva moral» es, pues, un camino imposible de recorrer, salvo en forma deliberadamente inconsistente. Pero permanece en pie la segunda posibilidad, la de no construir ni una sola moral nueva, sino rechazar del todo la idea de una moralidad común a los hombres. ¿Qué hombre resulta a partir de dicho proceso?

Pero rara vez nos topamos con un inmoralismo abiertamente propiciado. El camino es otro, y proviene del cientificismo de la mentalidad moderna. La pregunta que muchas veces se hace el hombre contemporáneo es la siguiente. Ya nos hemos enseñoreado de la naturaleza, el hombre ha triunfado sobre ella: ¿por qué no dar el último paso en este enseñoramiento, y dominar también científicamente nuestro propio comportamiento, nuestra propia naturaleza, abandonando toda la moral como un conjunto de prejuicios irracionales, tal como fueron abandonadas las demás trabas que la ciencia ha dejado en el camino? La propuesta sin duda resulta para muchos sugerente. Si alguien tiene la menor duda al respecto no tiene sino que pensar en cuáles son los grandes dilemas éticos del momento actual: un gran número de los mismos son precisamente problemas que se encuentran hoy en la frontera de la ciencia y la ética; pero no se trata ahí de cualquier ciencia, sino de una que se ha propuesto transformar, manipular a su objeto.

¿Pero ha logrado el hombre más libertad al hacerse presunto señor de la naturaleza? Escuchemos a Lewis: «Consideremos tres ejemplos típicos: el avión, la radio y el anticonceptivo. En una comunidad civilizada, en tiempos de paz, cualquiera que pague puede usarlos. Pero, en rigor, no se puede decir que al hacerlo ejerce su propio poder individual sobre la naturaleza. [...] Lo que llamamos el poder del hombre es, en realidad, el poder que algunos hombres poseen y del cual pueden, o no, beneficiarse otros. Ahora bien, en cuanto a los poderes que se manifiestan en el avión o en la radio, el hombre es tanto el receptor o el subordinado como el poseedor, ya que es el blanco de las bombas y de la propaganda»[78]. Cada cuota de poder que el hombre adquiere sobre la naturaleza, es una cuota de poder también sobre otros hombres: logramos construir un avión y podemos tanto llevar alimentos a los necesitados como bombardear personas; construimos una radio y podemos tanto difundir la mejor música como convencer a otras personas con la propaganda; inventamos un anticonceptivo y podemos impedir la existencia de otras personas mediante su uso. Naturalmente, el dominio sobre la naturaleza no nos ha hecho más perversos: se puede bombardear sin aviones y lanzar propaganda sin una radio, y se puede ser enemigo de la fecundidad sin anticonceptivos; pero lo que sí se da es una amplificación innegable de nuestra capacidad de lograr tales efectos.

Por otra parte, no se trata aquí sólo de afirmar que la ciencia puede ser utilizada tanto para bien como para mal, o que el poder, bajo la forma particular de la ciencia, pueda ser utilizado para mal. Eso es sólo un primer paso, que debiera ser bastante evidente. Ciertamente puede ocurrir eso, por lo cual «lo que llamamos el poder del hombre sobre la naturaleza es el poder ejercido por algunos hombres sobre otros, con la naturaleza como su instrumento»[79]. Pero la situación es más grave si consideramos el factor tiempo. Entonces el poder del hombre sobre la naturaleza pasa a ser en buena medida el poder de unas generaciones sobre otras: «Para realmente comprender qué significa el poder del hombre sobre la naturaleza y, por lo tanto, el poder de algunos hombres sobre otros, debemos imaginar la raza humana a lo largo del tiempo, desde el momento de su aparición al de su extinción. Cada generación ejerce poder sobre sus sucesores; y cada una, en la medida en que modifica el medio ambiente que se le ha legado y se rebela contra la tradición, resiste y limita el poder de sus predecesores. Esto modifica la imagen que a veces se presenta de una emancipación progresiva de

---

[78] Lewis, C. S., *La abolición del hombre*, Andrés Bello, Santiago, 1998, p. 56.
[79] Ibid., p. 57.

la tradición y de un control progresivo de los procesos naturales, que terminan en un continuo aumento del poder humano. En realidad si cualquier época alcanza, con la eugenesia y la educación científica, el poder para hacer lo que quiera con sus descendientes, todos los hombres que vivan posteriormente serán los receptores de este poder. Serán más débiles, no más fuertes; aunque instalemos magníficas máquinas en sus manos, ya hemos predestinado cómo deben usarlas. [...] Los últimos hombres, lejos de ser los herederos del poder, serán, entre todos los hombres, quienes tendrán más hipotecada su vida y sentirán con más fuerza el peso de los grandes planificadores y condicionadores, y quienes ejercerán el menor poder sobre el futuro»[80]. Pero en un totalitarismo de esas características ya no hay siquiera que esperar rebelión, pues «sus súbditos no son necesariamente infelices. Simplemente no son hombres: son artefactos. La última conquista del hombre ha resultado ser la abolición del hombre»[81].

4. Relativismo y poder

A partir de lo que hemos visto, cualquiera podría preguntarse por qué Lewis presupone malas intenciones en los condicionadores, cientistas políticos, psicólogos, sociólogos y demás planificadores sociales que parecen estar en su mira. ¿Por qué suponer que harán deliberadamente semejante mal? Pero la pregunta peca por circularidad. Pues estamos hablando precisamente de una situación en que la humanidad ha decidido dejar de lado la moral tradicional, en que precisamente «bien» y «mal» son categorías que dejamos de lado. El condicionador será quien esté por encima de la conciencia. «Sabrán cómo *producir* conciencia y decidirán qué tipo de conciencia producir. Ellos mismos estarán fuera»[82]. ¿Se puede esperar que en tales condiciones hagan algo bueno? Desde luego que sí. Puede ocurrir, en la medida en que no actúen en base a la filosofía que profesan; esto es, en cuanto estos hombres sean mejores que sus

---

[80] Ibid., pp. 58-59.
[81] Ibid., p. 65.
[82] Ibid., p. 62.

propios principios. Lewis mismo tiene presentes tales casos, y escribe que ésta es «la gloria» del naturalista: «manteniendo una filosofía que excluye la humanidad, sin embargo, permanecen humanos»[83]. ¿Pero cuán usual es este resultado? Considerando la historia, no son muchos los casos de personas que hayan dejado de lado la moral tradicional, hayan alcanzado el poder, para finalmente, casi por azar, hacer el bien.

Pero este vínculo entre relativismo y poder nos lleva a un segundo flanco por el que se ha vuelto popular atacar concepciones como la de Lewis. Muchos autores contemporáneos sostienen que el relativismo moral es la única forma de defender la democracia. Ello sería así porque, según ellos, a la creencia en criterios morales absolutos la seguiría el afán de imponer dichos criterios a los demás ciudadanos. Es decir, el absolutismo moral y el absolutismo político irían de la mano. Como ejemplo podemos poner al jurista vienés Hans Kelsen, quien en su obra *Esencia y valor de la democracia* desarrolla la idea de que toda creencia en algún absoluto moral, filosófico o religioso conduce al absolutismo político, mientras que sólo siendo relativista (filosófica y moralmente), se podría ser demócrata. «Esta pugna de concepciones metafísicas es paralela a la antítesis de actitudes políticas: a la concepción metafísica-absolutista del mundo se ordena la actitud autocrática, así como la democracia corresponde a la concepción científica del universo, al relativismo crítico. En efecto, todos los grandes metafísicos se han decidido por la autocracia y contra la democracia; y los filósofos que han hablado la palabra democracia, se han inclinado casi siempre al relativismo empírico»[84]. Pero esta idea, aunque pueda sonar atractiva (como toda simetría), no es muy defendible. Pues de partida es históricamente falsa, como por lo demás lo reconocen los mismos representantes intelectuales de los grandes totalitarismos: Mussolini afirmaba que «no hay nada más relativista que la actividad fascista»[85], mientras que Marx y Engels, en el *Manifiesto comunista*, declaraban su relativismo afirmando que todo el derecho, la moral y la religión son meros «prejuicios

---

[83] Lewis, C. S., *Milagros*, Encuentro, Madrid, 1991, p. 64
[84] Kelsen, Hans, *Esencia y valor de la democracia*, Labor, Barcelona, 1934, p. 154.
[85] Mussolini, Benito, *Diuturna*, Milán, 1924, p. 375.

burgueses»[86]. Es de este relativismo, tanto por el lado fascista como por el lado comunista, que el siglo XX dio lugar a los mayores atropellos de la historia humana, ante los cuales palidece cualquier «barbaridad medieval». En la historia de la humanidad podemos encontrar muchas atrocidades cometidas en nombre de falsas certezas, pero ninguna que pueda competir con las atrocidades cometidas en nombre de estos relativismos. Y no es la mera historia del siglo XX la que complica las cosas para la tesis que vincula relativismo con respeto por las otras personas. Si dirigimos la mirada a la antigüedad, es Sócrates el que acaba bebiendo la cicuta tras haber pasado su vida luchando contra los sofistas, los relativistas de la Antigüedad. Jesús, por su parte, fue condenado por un funcionario romano que preguntaba «¿qué es la verdad?».

Pero con este vínculo entre relativismo y autoritarismo tocamos el nacimiento mismo del pensamiento político moderno. El pensamiento político moderno nace con Maquiavelo afirmando que «un príncipe, para conservar el Estado, a menudo se ve forzado a obrar contra la fe, contra la caridad, contra la humanidad, contra la religión»[87]. Esta desconcertante franqueza vuelve tal vez menos importante el caso de Maquiavelo. Como escribe Lewis: «fue demasiado lejos, todo el mundo le respondió, todo el mundo estuvo en desacuerdo»[88]. Pero como el mismo Lewis sabe, por esos años la misma idea ganaba fuerza en autores que la presentaban de modo más discreto, durante el lento proceso de conformación de las teorías modernas sobre la soberanía. «Pocos de los que aceptaban estas teorías, incluso pocos de entre quienes las promovían, entendían en qué dirección estaban dirigiendo las cosas. Seguían teniendo la esperanza de que el príncipe, por su virtud personal, seguiría obedeciendo la ley natural»[89]. Así, según Lewis, la mayoría de los promotores de este ideal de príncipe absoluto tenían la misma acti-

---

[86] Engels/Marx, *El manifiesto comunista*, Maxtor, Valladolid, 2007, p. 45.
[87] Maquiavelo, *El Príncipe*, cap. 18.
[88] Lewis, C. S., *Oxford History of English Literature in the Sixteenth Century Excluding Drama*, Clarendon Press, Oxford, 1954, p. 51.
[89] Ibid., p. 50.

tud ingenua del que hoy acepta las teorías conductistas de manipulación del hombre en la esperanza de que los condicionadores sociales en realidad no serán muy malos. Pero, como escribe Lewis, sólo en la mente de demonios y hombres perversos encuentra hospedaje la idea de que *sic voleo, sic iubeo* —ordeno lo que quiero[90]. Quienes, con la ingenuidad que sea, aceptaron la idea de que el Estado debe ser soberano para dictaminar lo que es bueno y lo que es malo, nos pusieron en la senda que «a través de Rousseau, Hegel y sus descendientes mellizos de izquierda y derecha, conduce a la visión según la cual cada sociedad es totalmente libre para crear su propia "ideología" y que sus miembros, dado que reciben todos sus criterios morales de parte de tal sociedad, no tienen por supuesto criterio alguno desde el cual apelar moralmente contra ella»[91]. En efecto, el relativismo no sólo va de la mano del totalitarismo, sino que impide además que lo critiquemos. Pues no se gana mucho con calificar de malo al totalitarismo si la palabra *malo* no significa nada.

Pero todo esto es además predecible al margen del testimonio de la historia, pues precisamente el hecho de reconocer ciertos criterios morales absolutos, como la dignidad de la vida humana, es lo que nos permite comportarnos con las actitudes que normalmente son calificadas de «democráticas», como el respetar la vida del otro, su opinión, sus bienes, etc. Y a la inversa, si se predica la total ausencia de límite, ¿cómo no esperar que también los poderosos se apropien del mensaje y usen su poder como si fuera ilimitado?

Con esto podemos dejar ya las tesis centrales de *La abolición del hombre*. Ahora bien, aquí nos hemos concentrado en una crítica al proyecto moderno que busca reemplazar el *ethos* tradicional. En ese sentido lo que hemos cumplido es una etapa sobre todo negativa, de crítica de los adversarios. ¿Pero hay también razones para defender positivamente el *Tao*? Dicha pregunta nos dirige a los escritos de Lewis sobre la ley natural.

---

[90] Ibid.
[91] Ibid.

Críticas y defensas de la ley natural

1. El cálculo de consecuencias: ¿ética del político?

Según el propio Lewis su mejor novela es *Mientras no tengamos rostro*, donde nos da una nueva versión de un antiguo mito griego. En un momento de la novela, un rey bárbaro se ve obligado —así lo cree— a sacrificar a su hija menor para que los dioses dejen en paz a su pueblo, azotado por plagas y miseria. Es mejor, le parece, que uno muera en beneficio de todos, en lugar de que muchos sigan sufriendo. Ése es el resultado del cálculo de consecuencias. Su hija mayor se opone, sin embargo, tenazmente al sacrificio de su hermana: «Istra es tu hija. No lo puedes hacer». La respuesta del padre es invariable, la decisión tiene que ejecutarse. Después de todo, la actitud no es tan bárbara, nos recuerda el rey: su propio consejero, un esclavo griego, le ha contado de un rey griego que tuvo que sacrificar a su hija para que los dioses dieran viento favorable a las naves. Aunque el consejero se apura en precisar, recordando la historia de Agamenón: «Maestro, no había terminado de contarte esa historia. Ciertamente es verdad que un rey griego sacrificó a su hija. Pero luego su esposa lo asesinó a él, y su hijo asesinó a la esposa, y los Poderes Inferiores hicieron que el hijo perdiera el juicio». Ciertamente, una cadena de consecuencias bastante larga como para haberla imaginado al cometer el primer sacrificio.

¿Pero qué haría el consejero en su lugar?, le pregunta el rey. «Dame diez días y habré mandado un mensajero en secreto al rey de Phars. Le ofreceré lo que quiera sin guerra —le ofreceré cualquier cosa con tal que entre en nuestra tierra y salve a la princesa—; le ofrecería la misma tierra de Glome y mi corona. [...] Maestro, si yo fuera el rey y padre, daría tanto mi corona como mi vida para salvar a la princesa. Demos batalla. Pongamos a los esclavos en armas y ofrezcámosles la libertad si triunfan sobre el sacerdote. [...] En el peor de los casos, moriremos todos de modo inocente. Pero es mejor eso que llegar abajo con la sangre de tu propia hija en las manos». Pero el rey responde una vez más con confianza en su cálculo: «Yo soy un rey y he pedido tu consejo. Aquellos que aconsejan a los reyes normalmente les muestran cómo fortalecer o salvar su corona y su tierra. Eso es lo que significa aconsejar a un rey»[92].

Este pasaje de *Mientras no tengamos rostro* nos pone ante la gran divisoria de aguas. ¿Hay cosas que jamás, bajo ningún respecto, se puede hacer? ¿Verdaderos absolutos morales? ¿O la naturaleza de la política es tal que siempre hay que saber ceder, porque el cálculo de las consecuencias indica que eso dará un resultado final más positivo? Uno de los máximos exponentes de la sociología moderna, Max Weber, es el difusor de la más exitosa versión de esta segunda alternativa. Según Weber, hay que distinguir dos tipos de éticas: la ética del santo y la ética del político. Esta última es la ética de la responsabilidad, conocida también como utilitarismo o consecuencialismo. La ética del santo es la ética de los absolutos morales, la ética de quienes por ser fieles a una idea, a algo que consideran intransable, están dispuestos a ponerlo todo en juego. La ética del político, en cambio, es la ética de la responsabilidad. Y la responsabilidad consistiría en no poner jamás todo en juego; en saber calcular cuidadosamente las consecuencias; en saber cuándo hay que ceder también en lo que la ética del santo consideraría absolutos. Esto ha tenido un éxito de proporciones preocupantes: estamos más predispuestos que antes a «entender» a un político que cede en algo importante en nombre de la «responsabilidad» que tiene por el todo que es la comunidad. Es así como, por ejemplo, se nos convence de tener relaciones —económicas— amistosas con regímenes totalitarios: sería «irresponsable» arriesgar las relaciones económicas por «temas internos» de cada país. Esto es *Realpolitik*. Y es también con este tipo de argumento que se discute sobre la vida en sus primeras etapas de gestación: es un tema de «salud pública» sobre el que los

---

[92] Lewis, C. S., *Till We Have Faces*, Harcourt Brace, Nueva York, 1956, pp. 57-59.

gobernantes tienen que ser «responsables». Pero a pesar del éxito —o más bien, precisamente por el éxito— con que se ha impuesto este modo de pensar, hay unas cuantas cosas que decir al respecto.

Ante todo, nos podemos preguntar si somos capaces de hacer tal cálculo perfecto de las consecuencias. Incluso suponiendo que no existan absolutos morales y que, por tanto, aquí no hubiera un verdadero dilema moral, la idea de que podamos calcular efectivamente todas las consecuencias a largo plazo de nuestras acciones parece un tanto ilusoria. En este punto es donde muchos han notado la más grande debilidad de la «ética de la responsabilidad». Porque ni siquiera mirando hacia atrás, con siglos de distancia, podemos establecer con claridad si las consecuencias de una acción fueron en el balance final positivas o negativas. ¿Fue mejor que Alejandro Magno conquistara el mundo o no? ¿Fue mejor que se inventara la televisión o no? Ha pasado mucho tiempo desde que cada una de esas cosas ocurrió y, sin embargo, no podemos llegar a respuestas que satisfagan a todos; esperar entonces que las solas consecuencias sirvan de criterio en el momento en que vamos a actuar, sin considerar si las acciones son buenas o malas en sí, parece difícil. No siendo capaces de establecer respuestas categóricas sobre esto, cuando ya conocemos todas las consecuencias que por siglos tuvieron tales acciones, tanto menos debemos imaginar que podemos calcular todas las consecuencias que nuestras propias acciones puedan tener en un imprevisible futuro.

Por lo demás, sería extraño que podamos establecer el valor de las consecuencias, el valor de un resultado, de toda una vida, si no somos capaces de establecer el valor de cada acción de modo aislado. El consecuencialista se encuentra aquí en una situación peculiar. Por una parte es un escéptico, no cree que podamos conocer una ley natural; pero por otra parte es completamente acrítico, no tiene ningún escepticismo sobre su capacidad de conocer el resultado que van a tener las acciones, ni tiene escepticismo alguno respecto de cuál sería el resultado más deseable. ¿Realmente está tan claro qué tipo de sociedad queremos? ¿Tan claro que estemos dispuestos a sacrificar cualquier cosa para alcanzar tal fin? Tal vez sea bueno aprender a ver todo al revés de como lo ve el consecuencialista: tener suma claridad respecto de aquello que por ningún motivo debe ser sacrificado, y algo más de escepticismo respecto del tipo de metas que vale la pena alcanzar.

2. La ley natural

¿Qué es, entonces, lo que nunca debe ser sacrificado o violado? Ya hemos hecho mención en el capítulo anterior de la ley natural, a la que Lewis en *La abolición del hombre* se refería con la palabra *Tao*. A lo largo de la tradición encontramos referencia a lo mismo con distintas variaciones en el nombre: «ley eterna», lo «justo por naturaleza», son típicas expresiones relativamente equivalentes, y en la teología hay muchos sentidos en que la idea de una «revelación general» o de ciertos «órdenes de la creación» busca expresar lo mismo. Con estos términos se hace referencia a un conjunto de normas morales por todos conocidas, a pesar de las diferencias históricas o culturales; normas cuyo conocimiento es posible sin una revelación especial. Y las llamamos también naturales por estar inscritas en la naturaleza humana o, por seguir la expresión de Pablo, en el corazón de los hombres.

El lugar en el que Lewis más detenidamente aborda la cuestión de la ley natural es la más general de sus obras, *Mero cristianismo*. Ahí podemos ver lo que ya hemos mencionado como un modo muy característico de nuestro autor en la argumentación, que es el comenzar por la discusión de una situación concreta, y no por los principios generales a los cuales se va a llegar. «Todo el mundo ha escuchado peleas. A veces suena divertido y otras, simplemente desagradable; pero no importa cómo suene, creo que podemos aprender algo muy importante del tipo de cosas que dicen las personas en esas ocasiones. Cosas como: "¿Qué te parecería si alguien te hiciera lo mismo?". "Ese es mi asiento, yo estaba aquí primero". [...] Ahora bien, lo que me interesa en todas esas observaciones es que la persona que las hace no está simplemente diciendo que el comportamiento del otro no llega a agradarle. Está apelando a cierto tipo de norma de comportamiento que supone que el otro conoce. Y la otra persona muy raramente replica: "Al diablo con tu norma". Casi siempre trata de demostrar que lo que ha estado haciendo en realidad no va contra la norma o que, si lo hace, hay una excusa especial en este caso particular»[93]. Las personas parecemos apelar en nuestras discusiones a una ley que todos conocemos. Y tenemos razón en hacerlo así. Si dicha ley no existiera, podríamos pelear como animales, pero no disputar en el sentido humano.

Ahora bien, la referencia a la ley natural no es una abstracta teoría de filosofía del derecho, sino que es desde luego lo que el hombre común también cree: si se promulgara una ley que expropia todas nuestras residencias para construir una nueva sede del partido gobernante, nadie dudaría en calificar la ley de injusta, porque todos creemos naturalmente en criterios de justicia a los cuales toda ley se debe ajustar, entre los cuales parece encontrarse —por seguir dentro del mismo ejemplo— un cierto derecho de propiedad. Pero calificar a una ley de injusta presupone precisamente que hay un criterio de justicia distinto de la ley positiva. Por desgracia son precisamente esas convicciones del hombre común las que parecen verse desacreditadas por buena parte de la filosofía y la teoría política modernas, por lo que se vuelve necesario defenderlas. La mejor filosofía es así una defensa del sentido común, de lo que piensa «el hombre de la calle», es defender al hombre común y corriente de las ideas que le quieren vender los sofistas de hoy. De hecho, es precisamente con el «hombre de la calle» que Lewis conversa cuando trata este tema. Hay que recordar que *Mero cristianismo* tiene su origen en un conjunto de charlas radiales, y las respuestas que da son respuestas a objeciones de los oyentes, de modo que, aunque éstas tal vez no sean las principales objeciones filosóficas a la ley natural, sí se puede suponer que son las objeciones más corrientes que escucha la mayoría de los hombres. Tras sugerir de este modo simple la existencia de dichas normas que podemos calificar de leyes naturales, Lewis intenta, en efecto, responder a algunos de los argumentos que acostumbraba recibir en reacción a las charlas radiales.

---

[93] Lewis, C. S., *Mero cristianismo*, Andrés Bello, Santiago, 1994, p. 17.

En primer lugar aparece la cuestión de las diferencias morales entre culturas. Éstas parecen ser de tal magnitud, que no dejarían lugar a una moral común para la humanidad. Desde luego Lewis no desconoce dichas diferencias. Lo que está en juego es qué dimensiones uno les reconoce. Porque nos resulta más fácil fijar la vista en lo distinto que en lo común, perdiendo de este modo el sentido de las proporciones. Lo usual es que ocupados de este problema fijemos la atención en diferencias como la poligamia o los sacrificios humanos. Pero al devolver la diferencia a su justa dimensión, Lewis nos muestra cuánto debiéramos alejarnos de la exaltación de una diversidad sin ninguna referencia a lo común: «Para nuestros fines actuales, sólo necesito pedirle al lector que piense en lo que significaría una moral totalmente diferente. Piense en un país donde se admirara a las personas que huyen en una batalla, o donde un hombre se sintiera orgulloso de traicionar a todos aquellos que han sido bondadosos con él. Es lo mismo que tratar de imaginar un país donde dos más dos sean cinco. Los hombres han discrepado respecto de con quiénes debemos no ser egoístas, si sólo con la propia familia, o con los compatriotas, o con todo el mundo. Pero siempre han concordado en que uno no debe ponerse a sí mismo en primer lugar. Nunca se ha admirado el egoísmo. La gente ha discrepado en si se debe tener una esposa o cuatro. Pero siempre se ha concordado en que uno no debe simplemente tener cualquier mujer que le guste»[94]. También nos llama a ser cautelosos para no confundir diferencias morales con diferencias en valoración de hechos, diferencias de conocimiento. Si hoy no quemamos brujas no es por una diferencia moral respecto del siglo XVII, sino por una diferencia de conocimiento: ya no creemos que unos seres vendidos al diablo estén usando poderes sobrenaturales para matar indiscriminadamente a sus vecinos. Si creyéramos que tienen tal poder, es bastante probable que, si bien con otros métodos, seguiríamos sancionando a las brujas. No hay aquí ninguna diferencia moral, sino una diferencia de conocimiento. Con algunas observaciones de este tipo, las diferencias entre culturas comienzan a volver a su justa dimensión. No desaparecen. Muchas de las diferencias

---

[94] Ibid., p. 19.

pueden seguir siendo inquietantes, pero de ahí no se sigue que tengamos una ética totalmente diferente, sino que alguien está errando —a veces gravemente— en la aplicación de un determinado principio. Si, en cambio, algunas culturas proclamaran que se puede matar a cualquier persona cuando a uno le plazca, estaríamos hablando de concepciones morales totalmente distintas. Pero no hay culturas que sugieran eso. De hecho, este argumento de Lewis se podría ampliar de un modo que extrañamente él mismo nunca formuló: quienes —como él mismo— producen obras de ficción que se sitúan en mundos distintos del nuestro, nos pueden ofrecer mundos nuevos (en el espacio o en Narnia) y seres nuevos (extraterrestres o animales que hablan), pero nunca ofrecen una moral nueva. Ni lo pueden ni lo intentan: la obra literaria, por distinta de nosotros que sea la «cultura» que presenta, simplemente logra una nueva puesta en escena de la misma trama moral de la que están hechas nuestras vidas. Es verdad, entonces, que hay que atender a las diferencias entre las culturas, que hay que atender al contexto; pero también el contexto, por decirlo así, tiene que ser puesto en un contexto, y su contexto es que tenemos una naturaleza humana en común.

Otra objeción contra la existencia de una ley natural a la que atiende Lewis es si acaso lo que llamamos ley natural no puede ser un instinto, pero que no ha evolucionado del mismo modo que nuestros demás instintos, y que en realidad debamos esperar que evolucione en lugar de defenderlo. En cuanto a esta objeción en particular, la respuesta es muy simple. Todos sabemos de situaciones en que, estando enfrentados dos instintos, seguimos al más débil: al arrojarnos a un río para salvar a alguien no seguimos el fuerte instinto de conservación, sino el más débil instinto gregario. Pero si sólo estuvieran en pugna los instintos, siempre triunfaría el más fuerte. Si a veces triunfa el más débil, es porque somos capaces de guiarnos por algo distinto al instinto. Es decir, porque la razón llega a conocer una norma de tal importancia, que en un momento dado le puede llevar a seguir el más débil de sus instintos.

Luego es necesario hacerse cargo de una objeción que puede ser un tanto torpe, pero que ha sido escuchada por todo el que haya dedicado algún tiempo a la docencia: ¿no es la ley natural simplemente una convención humana impuesta por la educación? Desde luego la conocemos por la educación, por los padres, amigos, libros, etc. Pero lo que no todo el mundo parece ver es que esto está lejos de transformarla en una *mera* convención, un *mero* acuerdo. Hay cosas aprendidas que son meras convenciones, como el circular por un determinado lado del camino. Pero las tablas de multiplicación también son aprendidas, y eso no las vuelve una convención. Y la similitud de las distintas culturas en cuestiones esenciales nos permite sospechar que la ley natural está —en este sentido— más cerca de las matemáticas que de las reglas del tránsito. De hecho, es bueno que entendamos que las recibimos por educación. Creer en la ley natural no es creer en ideas innatas ni en que el hombre espontáneamente va a llegar a ser bueno si simplemente se le «deja ser». Si sólo lo dejamos ser, seguramente será malo: lo natural es una meta ardua, no algo que fluye «naturalmente».

Por último, cuando hoy en día se plantea algo así como una ley natural, la reacción más común suele ser el temor al hecho de que se esté imponiendo algo a la gente; así las teorías de ley natural son frecuentemente calificadas como «autoritarias», «totalitarias», o algo por el estilo. En realidad toda ley busca desde luego «imponer» algo, como el respeto a la propiedad pública, el pagar determinado impuesto o el no andar matando gente. Es lo primero que hay que tener en cuenta para no dejarse engañar por la retórica. Si no tenemos esto en mente (y creo que ninguno de los ejemplos mencionados supone perversidad alguna en las leyes), la idea de que se «imponga» algo a alguien nos predispone negativamente. Lo decisivo es entonces simplemente el preguntarse si tal o cual ley en concreto es justa o no; y es eso, precisamente, lo que pretende resolver la apelación a la ley natural. Si no existe nada semejante a una ley natural, siempre será imposible decir que una determinada ley es injusta. Pero además puede ayudar el tener presente lo siguiente: no debemos pensar que los absolutos morales contenidos en la ley natural cubren cada una de las posibles acciones humanas. En realidad, absolutos morales no hay muchos: no matar, no robar, no mentir, ser fiel; quizás alguno más. En las restantes cosas, determinar qué es lo justo en cada caso concreto es una cuestión de prudencia. Si ampliamos los absolutos morales hasta que señalen incluso por qué lado de la calle se debe transitar, no sólo sería efectivo que la ley natural sería totalitaria, sino que sobre todo sería ridícula. Pero nadie pretende que sea así. Se trata, pues, de un núcleo de absolutos morales, un núcleo inconmovible, pero rodeado por una inmensa variedad de situaciones y acciones en que hay, por decirlo así, una sola respuesta correcta, pero una respuesta que varía de caso a caso. Y desde luego Lewis admite que en ética no alcanzamos certezas matemáticas, pero alcanzamos tal vez certezas mayores que las que la cultura contemporánea sugiere.

Pero a todas estas aclaraciones que hace Lewis puede ser conveniente añadir una más, que él no hace explícita, pero que está en el espíritu de su argumentación. La declaración de independencia de Estados Unidos dice de los derechos naturales que «estas verdades son evidentes por sí mismas». Pero nadie que crea en la ley natural está obligado a creer que ésta es así de evidente. Pues para muchos estas verdades no son evidentes, requieren de ardua argumentación. Y argumentar es dejar de usar la ley natural como si fuera positiva, como si fuera una tabla de leyes a la cual podemos remitir al que se equivoca. Quien hace eso, quien rechaza la tesis de un adversario simplemente diciendo que es contraria a la ley natural, sin argumentar al respecto, en realidad está usando a la ley natural como si fuera una ley positiva. Contra ese modo de actuar debiéramos recuperar la ley natural no como una tabla de leyes, sino como un modo de pensar: y eso se logra hablando tal vez menos *sobre* la ley natural, pero más *desde* ella, aprendiendo a mostrar racionalmente qué tipo de vida es mejor llevar. Con miras a integrar esto en el resto del pensamiento de Lewis, sigamos ahora la huella de la ley natural en dos direcciones distintas: la ecología y la religión.

3. Ecología y naturaleza humana

La observación lewisiana de que «el dominio del hombre sobre la naturaleza es en realidad el dominio de unos hombres sobre otros, usando a la naturaleza como instrumento» es —aunque suene como retórica marxista— una afirmación con mucho contenido. La ciencia moderna —lo que en los comienzos es más o menos lo mismo que decir «la filosofía moderna»—vivió sus primeros siglos guiada por un afán de dominio de la naturaleza. Detrás de ese intento por dominar la naturaleza estaba la idea de que «la naturaleza» es algo totalmente distinto y separado de nosotros. Es lo que podemos leer, por ejemplo, en Descartes: en el mundo hay dos tipos de cosas, una «sustancia pensante» —el hombre— y una «sustancia extensa» —la realidad exterior, material, medible, técnicamente dominable. También en otros autores podemos encontrar esta tendencia a situarnos totalmente fuera de la naturaleza. Así para Kant existe un «reino de las causas» —la realidad material— y un «reino de la libertad» —el hombre. En todos estos sistemas, el hombre vino a ser como un espíritu que ya no guarda mucho parentesco con la naturaleza. Dominarla a ella, se podía hacer sin que nosotros salgamos afectados, excepto en el provecho que le saquemos.

Pero ésa es una suposición muy problemática. Porque no somos un puro espíritu. Nuestra libertad también actúa en el «reino de las causas»; y las causas de todo tipo también actúan influyendo sobre nuestra libertad. No somos un espíritu que dirige una máquina. Ciertamente somos espíritu, pero nada de puro: realizamos actividades vegetales como alimentarnos, y una serie de actividades animales. No de cualquier manera, sino que humanizamos también esas actividades —por ejemplo, con el arte culinario humanizamos la actividad vegetal de nutrirnos——; y lo que eso quiere decir es muy simple: que nuestra vida espiritual y corporal están totalmente entretejidas. Somos, pues, naturaleza. La parte más distinguida; la única parte de la naturaleza que sabe que es naturaleza. Pero, somos naturaleza. No resulta así extraño que el dominio que ejercemos sobre la naturaleza, también resulte en un dominio sobre nosotros mismos, o de unos de nosotros sobre otros. Parte de las consecuencias de dicho dominio las hemos comentado ya al hablar sobre *La abolición del hombre*. Pero también tenemos que considerar qué consecuencias ha tenido el cientificismo moderno sobre el resto de la naturaleza.

Relacionar lo que aquí escribimos con los problemas ecológicos no es ninguna arbitrariedad. Las crisis ecológicas han nacido precisamente de la mano de la ilusión de que el hombre y la naturaleza son dos realidades totalmente distintas. El ecologismo ha nacido detectando un problema verdadero —una conquista de «la naturaleza» con consecuencias no del todo controlables por el hombre—, pero en gran medida los movimientos ecologistas más radicales se encuentran atrapados en la misma contraposición radical entre hombre y naturaleza. Sólo que han dado vuelta sus elementos. El hombre y la naturaleza siguen siendo dos cosas totalmente distintas, pero ahora es la naturaleza la que debe ser salvada a costa del reconocimiento de la superioridad del hombre. La naturaleza sigue siendo algo distinto de nosotros, con la diferencia de que en este caso se trata de un objeto por salvar y no un objeto por dominar. ¿Es posible solucionar la cuestión ecológica dentro de dicha dicotomía hombre-naturaleza? Con seguridad no. No sólo se requiere romper con ella, sino aprovechar la claridad al respecto para sacar una doble lección. Por una parte la lección para la naturaleza humana: si como fruto de los problemas ecológicos realmente hemos aprendido que la naturaleza sólo subsiste cuando hay cuidado, reglas, respeto, conservación, entonces estamos obligados a reconocer que lo mismo vale precisamente para la forma superior de la naturaleza, la naturaleza humana. También para nosotros vale que hay cosas que bajo ningún respecto se puede hacer a la naturaleza, que la vida humana no tiene repuesto, que no es un recurso renovable. Por otra parte está la lección para la ecología: que sólo podemos pensar en una defensa de la naturaleza si esto va acompañado de un renacimiento del derecho natural. Sólo así lograremos que el cuidado de la naturaleza sea integrado como uno de los muchos tipos de cuidado que componen una vida buena, y así los problemas ecológicos podrán dejar de ser caldo de cultivo de las ideologías. De ese modo, tanto el respeto por la vida humana como el respeto por el resto de la creación serán parte de una misma actitud vital, que no tenga la dominación como su nota distintiva.

4. *Puritania*, el trabajo en común y la objeción protestante contra la ley natural

¿Pero cuál es la relación de la ley natural con la religión o lo sobrenatural? *El regreso del peregrino* comienza con la huida del joven John de la tierra en la que ha sido educado. En esta autobiografía alegórica Lewis llama a dicha tierra «Puritania». Tendremos ocasión más adelante de ver lo que Lewis realmente pensaba sobre los puritanos. Por lo pronto, nos podemos quedar con la imagen popular de lo que sería el puritanismo, pues uno de los temas más recurrentes en el negativo cuadro que Lewis pinta de Puritania es el legalismo: «La mitad de las leyes parecía prohibir cosas de las que jamás había oído hablar, mientras que la otra mitad prohibía cosas que hacía todos los días y que sería inconcebible dejar de hacer»[95]. El primer paso en la biografía del propio Lewis fue también dejar Puritania. Y dejó con ella el cristianismo, dando un largo rodeo para volver al mismo. ¿Qué pasa con la ley cuando vuelve a él? No recayó en Puritania. Más bien vio que para evitar el legalismo —sea religioso o de otra naturaleza— hay que preguntar por la justificación de las leyes. Así es como se volvió un firme defensor de la tradición de ley natural. Pero con ello deja Puritania también en un segundo sentido. Como la apelación a la ley natural es una apelación a algo distinto de una ley religiosa, abre también al trabajo en común con quienes no se esperaba antes poder tener como aliados. El propio Lewis había oído en su propia niñez el mandato «nunca confíes en un papista», y había tenido que desobedecerlo al llegar a conocer a Tolkien[96].

Ese tipo de encuentro entre un protestante y un católico es un tipo de alianza que en el siglo XX fue muchas veces posible y necesaria. Es un tipo de alianza que también puede haber sido necesaria en otros tiempos, pero no posible. Así Lewis, escribiendo una historia de la literatura del siglo XVI, evoca lo que en otras circunstancias podría haber sido un singular combate desde una misma trinchera, pero que en realidad fue una sin par controversia entre notables cristianos: la que enfrentó a Tomás Moro y William Tyndale, un mártir católico y otro protestante. «Aunque estaban profundamente distanciados tanto por temperamento como por doctrina, es importante reconocer desde un comienzo también todo

---

[95] Lewis, C. S., *The Pilgrim's Regress* en *The Collected Works of C. S. Lewis*, Inspirational Press, Nueva York, 1996, p. 9.
[96] Lewis, C. S., *Surprised by Joy*, Fontana Books, Londres, 1960, p. 173.

lo que les era común. Excepto en la teología, no deben ser mirados como representantes, respectivamente, de un orden antiguo y un orden nuevo. Intelectualmente ambos pertenecían al mundo nuevo: ambos eran filólogos griegos (Tyndale también hebraísta) y ambos despreciaban arrogante y tal vez ignorantemente la Edad Media. Y si suponemos (lo cual es bastante dudoso) que en ese momento se estaba reemplazando un orden feudal por un sistema económico y social más duro, tanto Moro como Tyndale pertenecían al orden antiguo. [...] Ambos exigían que las pretensiones del "hombre de negocios" estuvieran totalmente subordinadas a la ética cristiana tradicional. Ambos rechazaron la anulación del matrimonio del rey. A ellos mismos lo que tenían en común ciertamente les debe haber parecido un mero "factor común": pero hubiera sido suficiente, si el mundo hubiera seguido al menos eso, para cambiar todo el rumbo de nuestra historia»[97]. Si este pasaje es negativo, en el sentido de lamentar aquello que *no* se conservó en común, cartas tardías de Lewis ponen el acento en lo positivo, en lo que podría ser recuperado por un trabajo en común de católicos y protestantes. Y cuando hace este tipo de observaciones, con frecuencia van acompañadas de una referencia a la ley natural, «pues —como escribe a un amigo católico— hoy los hombres no sólo rechazan la ley de Cristo, sino también la ley natural reconocida por los paganos»[98]. Lewis obviamente cree que una de las tareas principales que pueden cumplir juntos cristianos de distintas iglesias es recuperar dicha ley natural.

¿Pero es correcto sugerir algo así? En el siglo XX numerosos autores han creído que no, que la noción de ley natural sería algo típicamente católico, que un protestante que se sumara a ella para sobre dicha base trabajar en común estaría en realidad traicionando su propia tradición. Lewis desde luego no cree esto. Como escribe al benedictino Dom Bede Griffiths, «estamos totalmente de acuerdo sobre la universalidad de la ley natural»[99]. Pero conviene detenernos

---

[97] Lewis, C. S., *English Literature in the Sixteenth Century Excluding Drama*, Clarendon Press, Oxford, 1954, p. 164.
[98] Moynihan, Martin (ed.), *The Latin Letters of C. S. Lewis*, St. Augustine's Press, South Bend, 1998, pp. 82-83.
[99] Lewis, C. S., *The Collected Letters of C. S. Lewis volume 3: Narnia, Cambridge, and Joy, 1950-1963*, HarperOne, Nueva York, 2007, p. 23.

algo en este punto, ya que Lewis puede no haber sido consciente de todas las críticas que podría haber recibido de parte de otros protestantes. Entender cómo habría podido responder a ellas nos permitirá además entender mejor la relación entre su defensa de la ley natural y el resto de su pensamiento.

Las objeciones a la ley natural de parte de distintas corrientes del protestantismo han sido por supuesto muy variadas. Algunos representantes del protestantismo liberal, por ejemplo, han alegado que sería una noción «ahistórica», que en la medida en que descubrimos la historia, las variaciones de la conciencia humana, se esfuma la noción de ley natural. Pero de dicha crítica relativista no nos haremos cargo aquí, pues no se trata de una específicamente protestante, y en ese sentido ya la hemos respondido indirectamente en otras secciones. El grueso de las críticas —provenientes de autores como Karl Barth y los «neocalvinistas»— ha sido de otro tipo: no se ha tratado ni de una crítica relativista, ni de una crítica positivista, ni de una crítica existencialista. Más bien ha sido una crítica antiliberal. Se ha criticado la idea de una ley natural porque parecería implicar demasiada confianza en la caída razón humana, reforzando así su autonomía, invitando a ver lo natural como un cierto campo de realización autónomo respecto de nuestra vida cristiana. Además, la idea de un encuentro de los cristianos en un terreno puramente «natural» puede ser entendida como una búsqueda de terreno neutral para desde ahí trabajar en común —pero también dicha neutralidad es un mito liberal que busca desconocer la radical antítesis entre creyentes y no creyentes, y sus respectivos conocimientos. Así, lo que ha alejado a muchos de estos críticos protestantes de la doctrina de una ley natural ha sido muy distinto de lo que ha alejado al resto del mundo moderno de ella. La idea de ley natural se puede pues ver asediada por adversarios muy distintos, que casi parecen tener aquí su único punto de encuentro. Pero dado el carácter único de ese punto de encuentro, no pueden recibir una misma respuesta, y tenemos que dedicar unas líneas exclusivamente a esta «objeción protestante» (aunque sólo de unos pocos protestantes del último siglo) contra la ley natural.

En efecto, cualquier respuesta a estas preguntas debiera partir por constatar un hecho muy sencillo y que deja a Lewis en una posición bastante ventajosa. Se trata de una sencilla aclaración histórica: que, contrariamente al mito que ha sido cultivado durante alrededor de un siglo, el protestantismo en sus orígenes no dijo absolutamente nada sobre este punto que fuera muy innovador, sino que mantuvo —en algunos autores más y en otros menos— una consistente defensa de la idea de ley natural. Este solo hecho ya es de cierto peso, pues los críticos de la ley natural han construido una especie de mito fundacional en torno a la idea de que la Reforma sería contraria a este modo de pensar. Pero tal tesis hoy sólo puede ser sostenida desde la obstinación o la ignorancia, pues la evidencia en sentido contrario es abrumadora[100]. Lewis en cierto sentido anticipa ese vuelco de nuestra visión de la historia, pues siempre fue un hombre sensible a la continuidad de la historia intelectual: «no hay que imaginar —escribe— que la concepción medieval de una ley natural se esfumó de la noche a la mañana»[101]. Lewis mismo, sin ser un experto en el área, es capaz de seguir la idea sin mayor dificultad hasta el siglo XVIII[102].

Pero al margen de si los críticos protestantes de la idea de ley natural han errado en su construcción de la historia —porque es eso, una construcción— hay que considerar también los argumentos de fondo que presentan contra esta idea. En primer lugar podemos pues abordar la pregunta por la autonomía y la capacidad de la razón. Y

---

[100] Para la propia tradición anglicana de Lewis, esto, desde luego, nunca ha requerido siquiera de demostración: el nombre de Hooker, frecuentemente invocado por Lewis en sus discusiones de la ley natural, es familiar a todo anglicano conocedor de su tradición. Pero lo significativo es que donde más fuertemente se ha acumulado evidencia respecto de la continuidad del iusnaturalismo es en la tradición calvinista, de donde hace unas décadas parecían venir las más fuertes objeciones. Al respecto véase Grabill, Stephen, *Rediscovering the Natural Law in Reformed Theological Ethics*, Eerdmans, Grand Rapids, 2006, y sobre todo VanDrunen, David, *Natural Law and the Two Kingdoms: A Study in the Development of Reformed Social Thought*, Eerdmans, Grand Rapids, 2010.
[101] Lewis, C. S., *Oxford History of English Literature in the Sixteenth Century Excluding Drama*, Clarendon Press, Oxford, 1954, p. 49.
[102] Lewis, C. S., *La imagen del mundo. Introducción a la literatura medieval y renacentista*, Barcelona, Península, 1997, pp. 157-161.

aquí me parece que la aclaración que hay que hacer es muy sencilla: todas las tradiciones cristianas están de acuerdo en afirmar que no sólo la voluntad del hombre, sino también su razón se ha visto afectada por la caída. Por eso también los defensores de la ley natural discuten sobre el oscurecimiento de la razón. Pero eso no nos dice absolutamente nada sobre qué es, específicamente, lo que los hombres no podemos conocer tras la caída; nadie, después de todo, afirma que no logramos conocer nada. Pero entonces es una osadía intentar fijar por anticipado que no somos capaces de conocer racionalmente nada importante en relación a la vida moral. Si alguien da argumentos para concluir que un acto es natural y otro es antinatural, por supuesto puede estar equivocado; pero eso se le tiene que mostrar refutándolo, no diciendo que es por principio imposible llegar a tales conclusiones. Sabemos que nuestra razón es limitada y que yerra con suma frecuencia; pero creer que podemos dar de antemano una lista de cosas que no se puede llegar a conocer —lista en la que caería la ley natural— es otro modo más de desconocer nuestros límites.

En segundo lugar, en relación a la relación de la ley natural con lo sobrenatural y con el resto de la visión cristiana de mundo, se podría decir lo siguiente. «Natural» puede significar cosas distintas dependiendo de cuál sea su antónimo. Porque lo natural puede entenderse como distinto de lo sobrenatural o como distinto de lo antinatural. El propio Lewis habla en ocasiones (como Pablo) sobre nuestro «yo natural» para designar al hombre no redimido, y en esos casos por supuesto no está elogiando lo «natural». Podemos contraponer la naturaleza a la cultura, a la historia, a lo voluntario, etc., y en todos estos casos «natural» significa algo al menos en parte distinto[103]. Si con «ley natural» quisiéramos decir una ley que nos permite alcanzar la bondad con *independencia* de cualquier relación con lo sobrenatural, por ejemplo, tendrían razón los críticos cristianos de esta noción. Pero los grandes maestros cristianos siempre han explicado el conocimiento de la ley natural como una *participación* de algo sobrenatural. Pero entonces el antónimo decisivo

---

[103] Recojo aquí las contraposiciones señaladas por Spaemann, Robert, *Lo natural y lo racional: ensayos de antropología*, Madrid, Rialp, 1989.

no es «*sobre*natural», sino «*anti*natural»: es de eso que se distingue la ley natural. Distinguirse de lo antinatural todavía deja abierta la pregunta por los muchos modos en que la ley natural se puede relacionar con lo sobrenatural. Y cuando Lewis trata sobre dicha relación entre lo natural y lo sobrenatural no es de un modo que acentúe la independencia entre lo uno y lo otro: «el cristianismo no reemplaza nuestra vida natural por una distinta. Más bien explota los materiales naturales para sus propios fines sobrenaturales»[104].

Por lo que respecta a lo tercero, la acusación de neutralidad, se puede conceder que podría haber modos de entender la ley natural que deban ser denunciados como «neutralizantes». Así, por ejemplo, si alguien cree que la ley natural consiste en demostrar la moralidad de una acción *sin ningún presupuesto*. Pero la tradición clásica de defensa de la ley natural de ningún modo coincide con filosofías sin presupuesto, y el mismo Lewis es consciente de eso: quien en moral parte con una tabula rasa, sostiene, también terminará con una tabula rasa[105]. «Si lo ético no es presupuesto desde el comienzo, ningún argumento nos llevará a ello»[106]. Eso no es negar un papel importantísimo de la razón dentro de la moralidad: pero precisamente *dentro*, no fundándola desde fuera. La ley natural es entonces un modo de pensar compartido por quienes ya saben que la moralidad no es una ficción. Por último, muchas críticas apresuradas se pueden deber a que se confunda las cosas comunes con cosas neutrales. Pues desde luego es verdad que quienes creen que hay una ley natural la ven como un conocimiento en común entre creyentes y no creyentes. Pero del hecho de que algo se tenga en común no se sigue de modo alguno que con ello estemos en terreno neutral: los creyentes saben que este territorio en común es la ley de Dios, y que no hay nada menos neutral que eso.

---

[104] Lewis, C. S., *The Weight of Glory and Other Addresses*, Macmillan, Nueva York, 1965, p. 46.
[105] Lewis, C. S., *God in the Dock. Essays on Theology and Ethics* en *The Collected Works of C. S. Lewis*, Inspirational Press, Nueva York, 1996, p. 209.
[106] Ibid., p. 211.

Podemos ver unidas algunas de estas preocupaciones cuando Lewis plantea la cuestión de si acaso necesitamos una vuelta —tan frecuentemente solicitada— a una «ética cristiana». Pues lo primero que hace es preguntar si acaso quienes piden tal vuelta a una ética cristiana tienen claro lo que están pidiendo. ¿No será una vuelta al cristianismo? ¿O creen en una ética cristiana separable del cristianismo? Lewis claramente cree que un llamado a volver a una «ética cristiana» es descaminado. Lo que a él le interesa es un doble movimiento: llamar a los hombres de regreso a una moral tradicional —la que todo el tiempo hay que presuponer aunque sea para mejorarla— y el llamar a los hombres de regreso al cristianismo. ¿Se relacionan estos dos llamados? La existencia de una ley natural y el hecho de que la conocemos constituyen, en efecto, sólo una cara de la moneda. Lewis termina su presentación de la ley natural en *Mero cristianismo* diciendo que los hombres «conocen la ley natural y la rompen. Estos dos hechos son el fundamento de todo pensamiento claro acerca de nosotros mismos y del universo en que vivimos»[107]. El fundamento de todo pensamiento claro son estos *dos* hechos, en los que se incluye la ruptura, que crea un problema para el cual no tenemos solución. La apelación a la ley natural está así lejos de ser una panacea invocada para responder a todos los problemas de la humanidad. Su conocimiento —y el reconocimiento de que la rompemos— abre más bien la puerta para preguntar cuál es el verdadero problema del hombre. A eso nos dirigimos a continuación.

---

[107] Lewis, C. S., *Mero cristianismo*, Andrés Bello, Santiago de Chile, 1994, p. 21.

La religión de Lewis

1. La crítica moderna a la religión

Lewis vivió en una época en cierto sentido muy similar a la nuestra. Algunos decían que la religión era cosa del pasado, superada por la ciencia, otros decían que se estaba en un tiempo de avivamiento de la religión. Él mismo se muestra cauteloso ante ambas ideas y escribe que al ver a sus estudiantes uno podría concluir tanto que «la religión se encuentra en su etapa final de decadencia, como que un renacer de la religión es una de las notas más características de la nueva generación»[108]. En efecto, sólo tenemos vagos indicios. Para decir que hemos llegado al fin de la religión o que la religión está renaciendo, tendríamos que tener estadísticas al respecto —pero no las tenemos—; o tendríamos que ser capaces de identificar un «espíritu de los tiempos» —pero no existe tal espíritu, sino sólo el espíritu de individuos. Por lo demás, ya sabemos que Lewis no se encuentra entre la clase de autores que creen que recién ahora esté dándose un gran giro, por ejemplo, a una época «postmoderna». Creía, después de todo, que si hubo algún gran quiebre en la historia de la humanidad, eso fue en el siglo XIX, por los tiempos de Walter Scott y Jane Austen. Si viviera hoy, seguramente diría que el mundo se está volviendo *demasiado* para gente como él; pero eso ya lo decía del mundo en el que de hecho le tocó vivir. No hay nada nuevo bajo el sol. Y esto vale también para los argumentos intelectuales contra la religión, contra su papel en la vida pública o contra la idea misma de que exista un Dios: muy

---

[108] Lewis, C. S., *God in the Dock. Essays on Theology and Ethics* en *The Collected Works of C. S. Lewis*, Inspirational Press, Nueva York, 1996, p. 447.

poco de lo que hoy escuchamos al respecto podría parecer novedoso a Lewis. El repertorio de argumentos se repite, y así tenemos también aquí un campo en el cual puede haber cosas que aprender de él. El mismo Lewis había sido ateo, y escribe sobre sus contradicciones en tal período: por una parte negaba la existencia de Dios y por otra parte se irritaba con Él por no existir o por haber creado el mundo[109]. Pero no podemos simplemente tomar estas contradicciones y arrojárselas a la cara al ateísmo. Por mucha contradicción que produzca a nivel emocional, lo que necesitamos saber no es eso, sino si acaso el ateísmo es verdadero o si, por el contrario, hay buenos argumentos contra el mismo. ¿Nos ofrece Lewis algo contundente para nuestra época de publicitado «nuevo ateísmo» de Dennet, Dawkins y Hitchens?

Responder a eso pasa por dirigir la mirada al ateísmo más prototípico del mundo moderno, que tanto en la generación de Lewis como en la nuestra es el naturalismo. Su idea básica es que sólo existe la naturaleza como un sistema cerrado e interconectado de causas. Si el naturalismo de la Antigüedad llevaba a la idea de un universo eterno, el naturalismo moderno va más bien de la mano de la noción de progreso: sólo hay organismos naturales, y como cada vez se desarrollan más, obtenemos en ocasiones el sorprendente paso de los cuerpos inertes a los vivos y de los vivos a los conscientes. De aquí se sigue desde luego una completa visión de mundo: una política, una ética, una psicología, una visión de la razón y de la ciencia. Esto sigue siendo hoy el centro de la discusión. Lewis se lo tiene que haber topado de diversas formas desde muy temprano y acabó dedicándole uno de sus libros más serios, *Milagros*. Pero aquí podemos contentarnos con la forma comprimida que tiene su argumentación en otros ensayos.

Tal vez lo más recurrente en Lewis es centrarse en mostrar el carácter autorefutante del naturalismo. Como escribe en una ocasión, «no hay aquí razón para argumentar desde el cristianismo o el espiritualismo; no los necesitamos para refutar el naturalismo.

---

[109] Lewis, C. S., *Surprised by Joy*, Fontana Books, Londres, 1960, p. 95.

Se refuta solo»[110]. ¿En qué sentido se refuta solo? Si el naturalismo es verdad, entonces cada uno de nuestros pensamientos es un (sub)producto de alguna causa previa: de un gen, de una condición social, de un estado de la evolución de la especie o de la sociedad. Pero si cada pensamiento puede ser explicado como resultado de causas no racionales, ¿por qué llamar racional al resultado? En otras palabras: si nuestros pensamientos están determinados por un proceso en el que las causas decisivas son subhumanas, ¿qué nos lleva a aferrarnos al resultado como humano, como racional? ¿Qué significaría bajo tales circunstancias calificar de válido o inválido a un raciocinio? Si el naturalismo es verdad, no habrá en rigor verdad alguna, y así tampoco las teorías naturalistas serán verdaderas. Esto por supuesto nos suena conocido, pues es lo mismo que le leímos diciendo contra Freud o Marx —es el patrón común de todo reduccionismo lo que Lewis está atacando.

Lewis aborda pues el naturalismo sobre todo como un fenómeno autorefutante. Pero no sólo autorefutante en el plano lógico, sino también en el existencial, en el plano de las actitudes que engendra en el hombre. ¿Qué actitud puede adoptar quien llega a la convicción de que todo lo que hay existe sólo por una fortuita conjunción de causas naturales? Un hombre podría cometer suicidio por la irracionalidad del mundo, podría abandonarse a una vida de placeres o podría «desafiar» al mundo —«que sea irracional, yo seguiré siendo racional». Lewis cree que lo más común será una oscilación entre las dos últimas opciones. Pero aunque la tercera suene —y sea— más noble, naufraga ante el siguiente obstáculo: ¿de dónde sacamos la medida por la que nos afirmamos como racionales a pesar de la irracionalidad aparente del universo? Al adoptar dicha actitud, «hablamos como si nuestros propios criterios de medida fuesen algo *fuera* del universo, que puede ser contrastado con el mismo, como si pudiésemos juzgar sobre el universo con una medida *prestada de otra fuente*»[111]. Pero para un naturalista eso no es posible, pues niega por principio que haya otra fuente. Pero además

---

[110] Lewis, C. S., *God in the Dock. Essays on Theology and Ethics* en *The Collected Works of C. S. Lewis*, Inspirational Press, Nueva York, 1996, p. 393.
[111] Lewis, C. S., *Present Concerns*, Collins, Londres, 1986, p. 77.

los mismos placeres con que se podría distraer un naturalista son menores que los que puede gozar otra persona. «Es imposible (salvo en el sentido más bajo y animal) estar enamorado de una mujer si sabemos que tanto la belleza de su persona como de su carácter es mero producto accidental y momentáneo de una combinación de átomos, y que tu propia respuesta a dicha belleza no es más que una reacción física producto del comportamiento de tus genes»[112]. La causa contra el naturalismo no sólo es intelectualmente sólida, por tanto, sino que los mismos deseos y amores del naturalista lo debieran despertar. Eso le ocurrió a Lewis. En *Sorprendido por la alegría* Lewis cuenta cómo su amigo Owen Barfield lo llevó a que «salvo que quisiera aceptar una alternativa en realidad increíble, estaba obligado a aceptar que la racionalidad no es un epifenómeno tardío, sino que todo el universo es, en último término, mental, que nuestra lógica es participación de un *Logos* cósmico»[113]. Este fue para Lewis el primer paso de su liberación: librarse del reduccionismo del naturalismo moderno y abrirse a una imagen literalmente inversa del universo, para la cual hay en los hombres racionalidad, pero no como el resultado tardío de procesos irracionales, sino como una ínfima participación de una razón eterna. Con eso ya tenemos a Lewis dentro del teísmo.

2. Lo milagroso, lo racional y la historia

Pero Lewis, debemos recordar, llegó a ser teísta, a creer en Dios y a reconocer su propia culpabilidad, dos años antes de llegar a hacerse cristiano. Pues lo que creen los cristianos no es simplemente en Dios, sino que Cristo es el hijo de Dios. ¿Lo es realmente? ¿Cómo se puede llegar a pensar eso? Es una pregunta que Lewis nos obliga a enfrentar. No es algo que vea simplemente como una pregunta de personas «religiosas», sino como una pregunta que cualquiera que esté en nuestro medio tiene que enfrentar. Por supuesto hay quienes no la pueden enfrentar —por no haber oído hablar al

---
[112] Ibid., p. 76.
[113] Lewis, C. S., *Surprised by Joy*, Fontana Books, Londres, 1960, p. 168.

respecto— pero «en nuestra cultura occidental estamos tanto moral como intelectualmente obligados a hacernos cargo de Jesucristo —si no lo hacemos, somos culpables de ser malos filósofos y malos pensadores»[114]. Sobre esta afirmación de Lewis hay que plantear dos preguntas: ¿tiene realmente razón en que tenemos que hacernos cargo justamente de Jesucristo, en lugar de, por ejemplo, Carlomagno, Sófocles o Napoleón? Y si es así, ¿cómo hacerse cargo?

Las dos preguntas están unidas. Lewis cree que uno de los motivos por los que muchos no creen tener que hacerse cargo es un simple escepticismo respecto de la historia, escepticismo que vuelve tan difusa para el hombre contemporáneo la existencia de los hombres del pasado, que ni vemos cómo acercarnos de un modo fiable a ellos ni vemos por qué habríamos de hacerlo. Los hombres viven absorbidos por el presente, aparentemente creyendo que no tenemos conocimiento fiable alguno sobre el pasado. Salvo sobre el pasado remoto, pues sobre el hombre prehistórico sí creemos saber algo, dado que es objeto de la ciencia y no de la historia. Aquí algo de cultura tiene una importancia decisiva: quien toma en serio la historia, quien aprende a ver el presente desde la perspectiva de siglos precedentes, está en una posición de ventaja. Pero una ventaja que incomoda, pues obliga a hacerse cargo. ¿De qué? De que hubo un hombre que no sólo fue un sabio, sino dijo ser el Hijo de Dios y dijo tener poder para perdonar pecados. ¿Qué clase de hombre puede levantarse con ese tipo de pretensiones y al mismo tiempo presentarse como humilde?

A partir de esa caracterización de Jesús Lewis formula un famoso trilema. Pero antes de dirigir la mirada a este trilema, podemos ver un paralelo entre sus ensayos y su obra literaria. Pues encontramos un trilema similar en *El león, la bruja y el ropero*, la primera de *Las crónicas de Narnia*. La menor de los hermanos, Lucía, afirma haber descubierto un país maravilloso. Sus hermanos, en cambio, se burlan, contando esta ridiculez al viejo profesor con el que viven. Pero él, el anciano académico, toma en serio a Lucía.

---

[114] Lewis, C. S., *God in the Dock. Essays on Theology and Ethics* en *The Collected Works of C. S. Lewis*, Inspirational Press, Nueva York, 1996, p. 481.

¿Cómo puede tomarla en serio? El profesor pone precisamente tres alternativas a los hermanos: Lucía puede estar mintiendo, puede estar loca o bien puede estar diciendo la verdad. ¿La conocen sus hermanos como una mentirosa o una loca? Si no es así, deberían dejar abierta la puerta a la posibilidad de que esté diciendo la verdad. Algo semejante es lo que pregunta Lewis en *Mero cristianismo* a propósito de la afirmación de Jesús según la cual es el hijo de Dios y puede perdonar pecados. ¿Quién es este Jesús como para hacer afirmaciones de este calibre? Lewis cree que hay una alternativa que tenemos que descartar de plano: que Jesús sea simplemente un gran maestro de moral. Ningún mero maestro de moral hace ese tipo de afirmaciones, que más bien lo desacreditarían por falta de humildad. Entonces sólo quedan tres opciones: está loco, es el mismísimo demonio o es precisamente quien dice ser, el Hijo de Dios. ¿Miente, y estuvo dispuesto incluso a morir por semejante mentira? ¿Estaba loco? Pero sus adversarios contemporáneos no se atrevieron a tratarlo como tal... Lo que afirmaba sobre sí mismo parece pues tener que ser tomado en serio.

Seguramente sería un error adoptar este trilema como una suerte de red «caza-escépticos», una red que podamos esquemáticamente usar ante todo interlocutor. Pero nos muestra a un Lewis que nos enseña a pensar con claridad y a poner las alternativas reales. Además, en el curso de este tipo de argumentos se nos ha mezclado la lógica con lo maravilloso. Precisamente en dicho pasaje de las *Crónicas de Narnia*, al escuchar que sus hermanos no creen a Lucía, el viejo profesor pregunta «¿acaso ya no les enseñan lógica en los colegios?». «Lógica» es el arte del buen razonamiento, y tal arte no tiene por qué llevar a cerrar las posibilidades, no tiene por qué implicar cerrarnos a lo maravilloso o a lo sorprendente. «Lo racional» y «lo natural» no son pues términos que nos remitan a algo chato, plano, sin sorpresas. No son alusiones a meros hechos, ni se trata de un «realismo» en el sentido maquiavélico. «Si alguna vez recibiéramos un mensaje desde el corazón de la realidad —escribe Lewis— deberíamos esperar encontrar en él el mismo imprevisto, la misma sinuosidad voluntariosa y dramática que encontramos en la fe cristiana. Tiene el toque magistral, el rudo sabor viril de la realidad, no hecha por nosotros ni para nosotros, pero que nos golpea en el rostro»[115]. Recibir un golpe en el rostro nos muestra que estamos ante algo que tenemos que enfrentar, algo que nos obliga a una toma de posición. Y las cosas que nos obligan a una toma de posición rara vez son «reales» en un sentido chato, plano: no son las «realidades» de «adultos».

En ese sentido el cristianismo de Lewis puede ser descrito a la vez como realista y como plenamente «sobrenaturalista». Cuando se describía a sí mismo como un cristiano «sobrenaturalista», era para enfatizar que no buscaba un cristianismo «depurado» de elementos «míticos», sino con plena aceptación de los milagros, la resurrección, etc. ¿Cómo podría ser de otro modo, si los milagros no están en la periferia, sino en el centro mismo del cristianismo, en la resurrección de Jesús? Pero este sobrenaturalismo era a la vez racional de punta a cabo. Cuando Lewis, por ejemplo, habla sobre su reconocimiento de los evangelios como textos históricos, su argumento es de carácter profesional: sabe —escribe— demasiado de crítica literaria como para que se le pase por la mente que tales textos sean «mitológicos» y no históricos[116]. Pero al mismo tiempo que defiende la historicidad de los evangelios, Lewis resalta cómo en ellos se cumple algo que siempre había admirado en la gran mitología: algo que había gozado, pero no creído. Pues por doquier se había topado con la idea de sacrificios que obran redenciones, con la idea de un dios que se ofrece a sí mismo en sacrificio a sí mismo, o con un dios que muere y resucita. «Ahora la historia de Cristo la entiendo simplemente como un mito verdadero: un mito que opera en nosotros del mismo modo que los otros, pero con la enorme diferencia de que realmente ocurrió»[117]. En estas palabras de una carta de 1931, del momento mismo en que está viviendo su conversión, lo que Lewis está intentando explicar es el hecho de que se le abrieron los ojos para el centro de la creencia cristiana: la encarnación, la crucifixión y la resurrección. Para tal creencia hay

---

[115] Lewis, C. S., *El problema del dolor*, Editorial Universitaria, Santiago de Chile, 1991, p. 26.
[116] Lewis, C. S., *Surprised by Joy*, Fontana Books, Londres, 1960, p. 188.
[117] Hooper, Walter (ed.), *They Stand Together. The Letters of C. S. Lewis to Arthur Greeves (1914-1963)*, Macmillan, Nueva York, 1979, p. 427.

argumentos, pero por lo que hemos visto sería un error creer que los argumentos existen sólo en el plano filosófico: razonar nos obliga a abrirnos también a argumentos de tipo histórico.

Con todo, el hecho de que haya argumentos a favor del cristianismo no tiene por función lograr que en algún momento se reemplace la fe por otra cosa. Pues «la razón puede alcanzar verdades, pero sólo las retiene mientras que Satanás lo permite»[118]. Se requiere entonces de fe no sólo para apropiarnos de cosas que no hemos entendido, sino también para aferrarnos a lo que ya nos parece lógico. Lewis es por supuesto consciente de que hay sentidos muy distintos en que hablamos de fe. Pero al menos uno de esos sentidos es éste: un hábito que permite retener lo que se ha reconocido como verdadero. En este sentido la fe no es opuesta a la razón, sino que más bien es lo que, en los momentos de vaivén, de prueba, de descuido, permite retener lo que la razón había aceptado. Después de todo, la mayoría de las personas que dejan el cristianismo no lo dejan por considerar que hay buenos argumentos en contra del mismo, sino precisamente por carecer de tal hábito arraigado. Son los que simplemente «se dejan llevar».

Lewis llegó, pues, a la fe. Pero cuando se convierte hay un sentido en el que no está simplemente volviendo a la fe de su infancia. Su horizonte entretanto se había ampliado, y a lo que llegó fue a un cristianismo que precisamente calzaba con ese horizonte ampliado. Escribiendo sobre su niñez nota que en ese momento su amor por la mitología nórdica había sido algo más rico que el cristianismo que aún profesaba. Pero «eso puede deberse a que mi actitud hacia esta mitología contenía elementos que mi religión debería haber contenido pero no contenía»[119]. Conviene detenernos por un segundo en esta afirmación. Su cristianismo de origen, parece decir, era insuficientemente integral. Y por eso lo dejó, mientras abrazaba el amor por la mitología nórdica. Pero si de ser integral se trata, tampoco la mitología nórdica era gran cosa: «no era una nueva

---

[118] Lewis, C. S., *God in the Dock. Essays on Theology and Ethics* en *The Collected Works of C. S. Lewis*, Inspirational Press, Nueva York, 1996, p. 202.
[119] Lewis, C. S., *Surprised by Joy*, Fontana Books, Londres, 1960, p. 65.

religión, pues no implicaba creencia alguna, ni imponía tampoco deberes»[120]. La historia de Lewis hasta su conversión es precisamente la de distintos elementos de valor, pero cada uno tirando en una dirección opuesta. Hemos visto cómo se van integrando paulatinamente algunos de ellos, como la lógica y el gusto por lo maravilloso, pero tenemos que dirigir todavía la mirada a la gran fuerza integradora que es el deseo.

3. El deseo y la alegría

Lewis no era un hombre puramente lógico. Ni creía que el gran desafío de nuestra vida consistiese simplemente en calmar nuestros deseos o pasiones. Estaba seguro, más bien, de que Dios encuentra que «nuestros deseos son demasiado débiles, no demasiado fuertes. Somos criaturas de corazón a medias, tonteando con bebida, sexo y ambición, cuando lo que en realidad se nos ofrece es un gozo infinito»[121]. La búsqueda de tal gozo, en efecto, es el hilo conductor de la autobiografía de Lewis. Al castellano, por cierto, su búsqueda ha sido traducida como la de quien se ve sorprendido por la *alegría*. Pero *gozo* sería tal vez una mejor traducción para *joy*, si gozo no tuviese en nuestro idioma ya algo de arcaico. En cualquier caso, las palabras de Lewis servirán para aclarar la experiencia en cuestión: «Se trata de un deseo insatisfecho que es él mismo más deseable que cualquier satisfacción. Lo llamo gozo (*joy*), que aquí es un término técnico y debe ser estrictamente distinguido tanto de la felicidad como del placer. El gozo (según yo uso la palabra) tiene una, y sólo una característica en común con ellos: el hecho de que cualquiera que lo haya experimentado querrá volver a vivirlo. Fuera de eso, y considerado sólo por su cualidad, incluso podría ser considerado como un tipo de infelicidad o angustia. Pero una que queremos. Dudo que alguien que lo haya degustado estaría dispuesto a cambiarlo por todos los placeres del mundo si eso estuviera en nuestras

---

[120] Ibid., p. 65.
[121] Lewis, C. S., *The Weight of Glory and Other Addresses*, Macmillan, Nueva York, 1965, p. 26.

manos. Pero el gozo nunca está en nuestras manos y el placer frecuentemente sí»[122].

La primera experiencia de gozo por parte de Lewis había sido una experiencia literaria. Pero como bien lo dice, no está en nuestras manos repetir tales experiencias retomando, por ejemplo, un libro del mismo género. En cualquier caso, con eso se había abierto en él un apetito voraz —escribe que estaba «enfermo de deseo»[123]—, y repetidamente pudo experimentar que no era posible satisfacer dicho deseo con sucedáneos. Repetidamente, cuenta, siguió ese camino, «para al final ver que no era placer lo que buscaba». Así se fue dando cuenta de que «no es el gozo el que es substituto del sexo, sino el sexo el que con frecuencia es substituto del gozo. A veces me pregunto si la mayoría de los placeres no serán mero substituto del gozo»[124]. Pero al escribir eso Lewis nota que no es una objeción moral contra los placeres en cuestión lo que lo llevaba a la decepción —«en ese tiempo era todo lo amoral que un ser humano puede ser»—, sino que «la frustración procedía de haber encontrado un placer menor en lugar de uno mayor»[125].

En cualquier caso, el camino espiritual de Lewis es el de alguien que ha seguido la lógica del deseo para ver hacia dónde lleva si uno realmente busca satisfacción de modo decidido y consecuente, el camino de alguien que paso a paso se gozaba en objetos falsos hasta que revelaran su falsedad. Pero ocurre que no sólo es imposible encontrar entre las cosas creadas algo que satisfaga ese anhelo por algo eterno, sino que además hay un problema en nuestro modo de buscar. En efecto, en un punto de su búsqueda, Lewis se da cuenta de que gozar de un objeto —como una sinfonía— y gozarnos en el hecho de que lo estamos gozando, no se puede realizar al mismo tiempo. «No se puede tener esperanza y al mismo tiempo pensar sobre la esperanza», pues pensar en la esperanza implica dejar de dirigir la mirada al futuro[126]. La dialéctica

---

[122] Lewis, C. S., *Surprised by Joy*, Fontana Books, Londres, 1960, p. 20.
[123] Ibid., p. 97.
[124] Ibid., p. 138.
[125] Ibid., p. 137.
[126] Ibid., p. 174.

del deseo como la había seguido hasta aquí permitía sacar a la luz muchas falsedades, pero lo dejaba siempre concentrado todavía en sí mismo, en la pregunta sobre si alcanzaba el gozo que buscaba. Al ver que esa pregunta es incompatible con simultáneamente estar gozando, descubre también que «toda introspección parece de algún modo engañarnos»[127]. Esto no significa, desde luego, que no haya que conocerse a sí mismo o que haya que ser inconsciente de las cosas que se está haciendo, pero sí significa que si la búsqueda consecuente de gozo va a conducir a alguna parte, tenemos que de algún modo desprendernos de nosotros mismos, sacarnos del centro —en el Nuevo Testamento se nos llama a que nuestra mano izquierda no sepa lo que hace la derecha.

Así, incluso la búsqueda de gozo puede tener que desaparecer como hilo conductor, para concentrarnos en aquello de lo que viene el gozo. En efecto, Lewis confiesa que, tras su conversión, perdió casi todo interés por esta experiencia de anhelo romántico. «Ahora sé que esa experiencia, considerada como un estado de mi propia mente, nunca tuvo la importancia que yo le atribuía. Sólo era valiosa apuntando hacia algo distinto de ella y fuera de acá»[128]. Ahora bien, ¿qué actitud debe nacer de ahí hacia los «substitutos», las realidades creadas? Tales substitutos, como bien sabemos todos, pueden encadenar. Y sin embargo, la respuesta del cristianismo no es desprendernos totalmente de ellos, sino más bien aprender a vivir en una dialéctica de goce y renuncia. En palabras de Meilaender, «la renuncia es necesaria para que no nos hundamos en las cosas, intentando aferrarnos a ellas y retenerlas; pero el goce es necesario, para que la renuncia no se transforme en una renuncia por principio a la creación misma. Ambos movimientos son necesarios para todo el que se aproxime a la realidad a la luz de la historia cristiana»[129]. Con eso ya estamos en el punto en el que debemos preguntar por la relación entre este goce y la moralidad.

---

[127] Ibid., p. 175.
[128] Lewis, C. S., *Surprised by Joy*, Fontana Books, Londres, 1960, p. 190.
[129] Meilaender, Gilbert, *The Taste for the Other. The Social and Ethical Thought of C. S. Lewis*, Eerdmans, Grand Rapids, 1998, pp. 32-33.

4. De la moral a Dios, ¿y vuelta?

La mayor parte de los elementos que nos importan ya se encuentran de algún modo integrados: maravilla, deseo, razón, historia. Es en realidad llamativa la frecuencia con que Lewis intenta mostrar el modo en que estos aspectos se deben integrar y ordenar: «Tenemos que admitir que la fe no fluye sólo del argumento filosófico, ni de la sola experiencia de lo numinoso, ni de la sola experiencia moral, ni de la sola historia; fluye más bien de sucesos históricos que tanto completan como trascienden la categoría de lo moral, que se unen con los elementos más numinosos del paganismo y que —parece— requieren como presupuesto la existencia de un Ser que es más, pero no menos que el Dios que muchos respetables filósofos creyeron conocer»[130]. Pero cuando Lewis cuenta sobre sus primeros pasos en un teísmo impersonal no había llegado todavía a eso. Aquello en lo que creía lo describe como una religión sin exigencia, que «no costaba nada»[131]. Ahí faltaba pues todavía un elemento, y a continuación tenemos que terminar de componer el cuadro con todos los elementos ya integrados. Pues en el proceso de conversión Lewis había llegado a un Dios que no sólo era el «Logos», sino que «era uno y era justo»[132]. ¿Cuál es entonces el lugar de la moralidad en la creencia de Lewis?

En *Mientras no tengamos rostro* uno de los grandes problemas para la protagonista es lograr conciliar las enseñanzas de su maestro griego con las enseñanzas del sacerdote. Con eso Lewis nos pone ante un típico escenario pagano, en el que existe la religión por una parte, y donde también existen enseñanzas sobre la vida buena, pero no como parte de la religión, sino como parte de las enseñanzas de los filósofos. «En muchas formas del paganismo el culto de los dioses y las discusiones morales de los filósofos guardan escasa relación entre sí»[133]. Es lo mismo que los profetas de Israel

---

[130] Lewis, C. S., *God in the Dock. Essays on Theology and Ethics* en *The Collected Works of C. S. Lewis*, Inspirational Press, Nueva York, 1996, p. 418.
[131] Lewis, C. S., *Surprised by Joy*, Fontana Books, Londres, 1960, p. 168.
[132] Ibid., p. 188.
[133] Lewis, C. S., *El problema del dolor*, Editorial Universitaria, Santiago de Chile, 1991, p. 22.

denunciarían respecto de su propio pueblo: que practicaban cierta religión, hacían ciertos sacrificios, pero que Dios no quiere tal cosa, sino justicia y misericordia. Pero por otra parte, tampoco quisiéramos ver la religión y la moralidad fundidas como si fuesen exactamente una misma cosa. Y como Lewis es un escritor cristiano, pero un escritor cristiano con textos muy influyentes sobre la vida moral, es importante que aclaremos lo que piensa sobre la relación entre la religión y la moralidad.

Lewis es bastante explícito sobre lo que piensa al respecto, pues en la introducción a *El problema del dolor* nos habla de los distintos elementos de los que se componen las religiones. Lo primero que nos nombra es lo que Rudolf Otto llama «lo numinoso»: el «pavor» ante algo «extraño» más que el «temor» ante algo «peligroso». No temerías, dice Lewis, a lo que un fantasma nos pueda hacer, sino al fantasma mismo. La presencia de un ser extraño, poderoso, etc., produce ese sobrecogimiento o temor reverencial. Se trata de algo a lo que Lewis otorga un peso muy significativo. Estamos acostumbrados a asociar el nombre de Lewis más bien con autores como Tolkien o Chesterton, pero si lo leemos atentamente veremos que valora la obra de Otto con la misma intensidad: considera su obra como el mejor análisis que tenemos de este fenómeno[134], y nombra *La idea de lo Santo* como uno de los libros contemporáneos que más lo ha influenciado[135]. Y esto tiene cabida también en su obra literaria: cuando Aslan mira a sus seguidores están «todo lo contentos que puede estar alguien que teme y todo lo temerosos que puede estar alguien contento»[136]. La segunda cualidad que Lewis nombra como igualmente común en la experiencia religiosa es el reconocimiento de una ley —como ya hemos visto— tanto conocida como desobedecida. Pero eso no significa que los dos elementos acostumbren darse juntos. Se da con frecuencia lo numinoso por sí solo —en un culto amoral— o la moral por sí sola —en un farisaico moralismo absoluto. Sólo en un pueblo, el pueblo

---

[134] Lewis, C. S., *God in the Dock. Essays on Theology and Ethics* en *The Collected Works of C. S. Lewis*, Inspirational Press, Nueva York, 1996, p. 417.
[135] Ibid., p. 477.
[136] Lewis, C. S., *Prince Caspian*, Collins, Londres, 2002 p. 132.

judío, escribe Lewis, estos dos elementos se unieron de modo decisivo para iluminación recíproca.

Pero hay un problema si creemos que la unión de ambos elementos consiste simplemente en temblar ante un Dios legislador. Pues entonces corremos el riesgo de enfrentarnos al siguiente dilema: o bien actuamos por temor al castigo y por la esperanza de premios —pero se pierde entonces el carácter desinteresado de la acción— o bien actuamos no por temor, sino «libremente» —pero eso suena peor, como si simplemente estuviésemos «de acuerdo» con Dios y, por eso, le obedeciéramos. Parece pues que, tal como en la dialéctica del deseo, aquí hay que ordenar de otro modo las cosas. Una vez más podemos aclarar algo la cuestión dirigiendo la mirada a Tyndale, el reformador inglés por el que Lewis tenía tanta admiración: «Tyndale está intentando expresar un obstinado hecho con el que nos topamos mucho antes de entrar al campo de la teología: el hecho de que la moralidad o el deber (lo que él llama «la Ley») nunca ha vuelto feliz a un hombre ni lo ha vuelto digno de ser amado por otros. Es una verdad chocante, pero innegable. No quisiéramos ni estar entre gente, ni ser nosotros mismos la clase de gente, que es limpia, honesta y gentil por deber; queremos ser gente, y asociarnos con gente, que le gusta estar limpia, ser honesta y gentil. La mera sospecha de que lo que parecía un acto desinteresado de amistad o generosidad en realidad fue algo hecho por deber, basta para envenenar una acción. Dicho en lenguaje filosófico: la categoría de lo ético es autodestructiva; la moralidad es sana sólo cuando está intentando abolirse a sí misma. Dicho en lenguaje teológico: ningún hombre puede salvarse por obras. Para Tyndale, todo el propósito del evangelio es salvarnos de la moralidad[137]».

Este párrafo contiene en pocas palabras casi todo lo que Lewis quiere transmitir, pues lo que quiere transmitir es precisamente el evangelio. Pero conviene terminar este capítulo con ciertas precisiones sobre cómo definir la moralidad. De cómo la definamos va a depender qué tanto sentido tiene eso de que la moralidad

---

[137] Lewis, C. S., *Oxford History of English Literature in the Sixteenth Century Excluding Drama*, Clarendon Press, Oxford, 1954, p. 187.

deba buscar abolirse a sí misma, o la idea de que debamos buscar trascender la moralidad. En este párrafo Lewis ha identificado la moralidad con el actuar por deber. Y si es entendida así, la relación adecuada entre moralidad y religión va a ser precisamente que la religión nos lleve a abolir la moralidad, a dejarla atrás. Pero el mismo Lewis en otros momentos explica la tarea del hombre en esta vida de un modo más amplio: «lo que realmente importa no es cumplir con ciertas reglas morales, sino ser cierto tipo de criaturas»[138]. Si describimos de ese modo no sólo la tarea de la religión, sino también la moralidad, si aprendemos a ver la moralidad como el desafío de ser cierto tipo de personas, entonces no nos vemos en la necesidad de formular frases como «la categoría de lo ético es autodestructiva», sino que la misma educación moral aprendemos a tratarla como un aprender a hacer con gusto lo que pensábamos que simplemente *tenía* que ser hecho.

Quien entiende la moralidad de un modo estrecho, y por tanto cree que la moralidad tiene que ser trascendida, está pues básicamente de acuerdo con quien tiene una concepción tanto más rica de la moralidad, que le permite verla en mayor continuidad con la religión. Lewis, de hecho, parece oscilar entre ambos modos de hablar. Con todo, si alguien prefiere mantener una definición estrecha de la moralidad, y quiere hablar de la religión como algo que trasciende la moralidad, resulta importante que aclare en qué sentido la trasciende. Al respecto puede ser útil seguir la comparación que Lewis hace en otro escrito: «Que la vida espiritual trascienda tanto a la inteligencia como a la moralidad es algo en lo que probablemente todos estamos de acuerdo. Pero supongo que las trasciende tal como la poesía trasciende a la gramática, y que no las excluye simplemente como el álgebra excluye la gramática»[139]. Todo es así integrado y reordenado por la centralidad de Dios; pero nada es meramente dejado atrás.

---

[138] Ibid., p. 187.
[139] Lewis, C. S., «Christian Reunion» en *Christian Reunion and other Essays*, Collins, Londres, 1990, p. 21.

Lewis y las tradiciones cristianas

«Mi única función como escritor cristiano es predicar "mero cristianismo", no *ad clerum*, sino *ad populum*. Cualquier éxito que haya tenido se debe, creo, a mi estricto cumplimiento de estos límites»[140]. Así se expresa Lewis en el único texto —un breve ensayo póstumo— que dedica explícitamente a la unidad de los cristianos. En efecto, Lewis intentó atenerse de un modo muy tenaz a esta norma, sólo presentando este «mero cristianismo» y absteniéndose de toda polémica entre las confesiones cristianas. Guardó público silencio sobre lo que él mismo creía en aquellos puntos en los que las grandes tradiciones cristianas disienten entre sí. Sin embargo, por supuesto ha dejado al respecto algunas observaciones dispersas en distintas obras, charlas y, sobre todo, en su correspondencia. Pero si él intentó aferrarse tan estrictamente a tal norma, ¿tiene sentido que intentemos «exhumar» sus convicciones y sacar a la luz también este lado de su pensamiento? Creo que sí, y lo creo por dos motivos. En primer lugar, porque creo que es posible hacerlo sin caer en el espíritu de infructífera controversia que él con razón detestaba. En segundo lugar, creo que es una tarea importante, para ver cómo *argumenta* en este campo. Pongo el acento en el hecho de que también aquí argumenta, pues su usual silencio nos podría llevar a la impresión de que aquí entramos en un campo de mero apego a la costumbre: que Lewis habría sido un genial escritor y argumentador cuando se trataba de pelear con concepciones empobrecidas de lo que es una vida humana, pero que al llegar aquí, al campo de la religión —o al menos al llegar a preguntas específicas dentro de este campo—, simplemente se habría apegado a la costumbre local, a la iglesia nacional (de la que de hecho era parte). Pero a pesar del esfuerzo de Lewis por

---

[140] Ibid., p. 20.

guardar el mayor silencio posible sobre esta materia, lo poco que dice basta para mostrar que hay una gran continuidad con su modo de argumentar en otras áreas.

1. ¿Qué es «mero cristianismo»?

Antes que todo conviene hacer algún intento por aclarar en qué consiste este «mero cristianismo» del que habla Lewis. Lo describe al comienzo del libro con el mismo nombre, diciendo que busca defender el cristianismo como ha sido entendido por casi todos los cristianos en todos los tiempos[141]. Lo llama también «mero» cristianismo para acentuar que no se trata de una defensa de «mi religión» ni de ninguna interpretación o énfasis propio de él[142]. Insistía, además, en que no estaba hablando de un mero cristianismo como alternativa a las denominaciones existentes. Más bien se trata de un pasillo de entrada hacia una multitud de habitaciones, que es donde hay abrigo y alimento[143]. Siguiendo estos pasos, Lewis se ha vuelto un autor conocido por defender lo común, y es así un autor que también se ha vuelto patrimonio común de los cristianos.

¿Pero cómo hemos de entender esta actitud de Lewis? Hay en ella algo de afán por evitar las disputas, afán que puede tener un aspecto positivo y uno negativo. El negativo se nota en la idea de Lewis de que las disputas sobre puntos conflictivos entre las tradiciones cristianas deberían ser dejadas a expertos. Algunos de los puntos que dividen a las distintas denominaciones implican un tipo tal de teología e historia eclesiástica, escribe, que «nunca debieran ser tratados salvo por parte de verdaderos expertos»[144]. Por qué confía tanto en la figura de los expertos, que en otros puntos le merecen tanta duda, no resulta muy comprensible. Lo que sí resulta comprensible —y ése es el lado positivo de su afán— es su precaución

---

[141] Lewis, C. S., *Mere Christianity*, Collins, Londres, 2002, p. viii.
[142] Ibid., p. ix.
[143] Ibid., p. xv.
[144] Ibid., p. viii.

ante las disputas entre las confesiones, tantas veces conducidas con poca sabiduría. Según la magistral expresión de una de sus cartas, en Irlanda del Norte los cristianos —en ambos lados de la contienda— «toman la falta de caridad por celo y la recíproca ignorancia por ortodoxia»[145]. Pero eso no sólo le ocurre a movimientos violentos, sino también a apacibles teólogos. Lewis tenía plena conciencia de cuán fácil es en ciertas cuestiones crear divisiones sin sentido alguno, explotando diferencias sin amor a la verdad. Son ese tipo de divisiones las que el demonio más experimentado sugiere al demonio menos hábil en las *Cartas del diablo a su sobrino*: «No son las doctrinas en lo que nos basamos principalmente para producir divisiones: lo realmente divertido es hacer que se odien aquellos que dicen "misa" y los que dicen "santa comunión", cuando ninguno de los dos bandos podría decir qué diferencia hay entre las doctrinas de Hooker y Tomás de Aquino, por ejemplo, de ninguna forma que no hiciese agua a los cinco minutos»[146]. Así Lewis concluye que su propio papel es «intentar hacer lo único que me parece poder hacer: esto es, abandonar del todo las cuestiones más sutiles por las cuales la Iglesia Romana y los protestantes disienten entre sí [...], y en mis propios libros exponer aquellas cosas que, por la gracia de Dios, después de tantos pecados y tantos errores, todavía son comunes»[147].

¿Pero es esto huir hacia ciertos «mínimos comunes» por miedo al conflicto? Sería lamentable de ser así, porque el huir de los tópicos conflictivos implica en último término huir de absolutamente todo, volverse neutral respecto de todo: no hay punto de la doctrina cristiana que no haya estado sometido alguna vez a disputa, y quien quiera huir de toda disputa se quedará defendiendo no un mero cristianismo, sino mucho menos que eso, casi nada.

---

[145] Moynihan, Martin (ed.), *The Latin Letters of C. S. Lewis*, St. Augustine's Press, South Bend, 1998, pp. 86-87.
[146] Lewis, C. S., *Cartas del diablo a su sobrino*, Editorial Andrés Bello, Santiago, 1996, p. 86.
[147] Moynihan, Martin (ed.), *The Latin Letters of C. S. Lewis*, St. Augustine's Press, South Bend, 1998, pp. 32-33.

Pero Lewis tiene claro eso, y no es una reducción a mínimos no conflictivos lo que tiene en mente. Pues el «mero cristianismo» es algo que él recuerda haber reconocido ya en sus tiempos de no creyente, una sustancia común a toda la tradición, una sustancia que no es un mínimo, sino algo robusto. Podemos ver muy bien que se trata de una concepción robusta del cristianismo si atendemos a lo que Lewis dice sobre quienes de hecho han intentado reducir el cristianismo a una versión más sencilla de lo que es. La estrategia común de quienes han hecho eso es decir que primero tenemos a Jesús, que predicaba una religión simple y benevolente —la que encontramos en los evangelios—, pero que luego llegó Pablo y convirtió esto en una religión complicada e incivilizada —que se encuentra en las cartas del mismo Pablo. Con grados y formas distintas, esto es lo que de Locke a Nietzsche han dicho los críticos modernos del cristianismo «complicado». Pero Lewis rechaza estos intentos por volver a un evangelio «simple». Y los rechaza precisamente desde la investigación moderna sobre la Biblia, cuyos resultados son opuestos a los de la imaginación popular que cree que se pasó de algo «simple» a algo «complejo». Pues son los escritos de Pablo los que constituyen los textos cristianos más antiguos. Todo parte siendo «complicado», con teología, enseñando a la gente a entender lo que cree. Después vinieron los evangelios, que «dejan fuera muchas de las "complicaciones" precisamente porque se dirigen a gente que ya ha sido instruida en ellas»[148]. El «mero cristianismo» al que llama Lewis no es pues una inofensiva y simplificada versión mínima[149].

¿Qué tipo de doctrinas componen ese «mero cristianismo»? «Para un laico —escribe— está claro que lo que une a un evangé-

---

[148] Lewis, C. S., *God in the Dock. Essays on Theology and Ethics* en *The Collected Works of C. S. Lewis*, Inspirational Press, Nueva York, 1996, p. 457.
[149] Para una buena articulación de ese tipo de objeción véase Trueman, Carl, *Minority Report*, Mentor, 2008. Creo que es un error acusar a Lewis de esto, no sólo por las razones indicadas, sino además porque el minimalismo doctrinal moderno es típicamente práctico, mientras que Lewis, como veremos más adelante, está lejos de tal tendencia practicista. Pero si bien creo que es equivocado atribuir esta posición a Lewis, me parece que Trueman hace un excelente diagnóstico del efecto de este minimalismo en el cristianismo contemporáneo.

lico y a un anglocatólico contra el "liberal" o "modernista" es algo muy claro y significativo: el hecho de que ambos son sobrenaturalistas de punta a cabo, que creen en la creación, la caída, la encarnación, la resurrección, la segunda venida y las últimas cosas. Eso los une no sólo el uno al otro, sino a la religión cristiana como ha sido entendida *ubique et ab omnibus*»[150]. El punto de vista según el cual tal acuerdo sería menos importante que las diferencias entre las diversas tradiciones cristianas es algo que Lewis califica como simplemente «incomprensible». El problema, escribe a continuación, es que quienes se unen en la defensa de tal ortodoxia parecen carecer de un nombre en común. Su propia sugerencia ya la conocemos: los «meros cristianos de Baxter»[151]. Pero aunque sea incomprensible que alguien considere irrelevante el tipo de acuerdo que resume con esas palabras, las diferencias entre quienes comparten ese centro no son sin importancia, y vale la pena que les dirijamos una mirada.

2. Lewis entre católicos y protestantes

En realidad ya vemos, por la mención de Richard Baxter —un teólogo reformado—, que la expresión «mero cristianismo» no viene del «mero pasillo», sino de una de las habitaciones. Y si intentamos salir del pasillo y entrar a alguno de los grandes salones, en Occidente parecen ser dos las alternativas principales: el catolicismo y el protestantismo. Lewis, como es sabido, se encontraba en el segundo de estos salones. Pero era un protestante en el que muchos consideran encontrar formas muy católicas de ver el mundo, y un buen número de católicos no sólo asiente a esto, sino que les cuesta entender que no haya llegado a hacerse católico. Lo primero que hay que decir al respecto es que tal pregunta no está de modo alguno fuera de lugar. En primer lugar, porque Lewis tenía amigos católicos en una cantidad sorprendente para la época, y éstos desempeñaron además un papel importante en su conversión al cristianismo.

---

[150] Lewis, C. S., *The Collected Letters of C. S. Lewis volume 3: Narnia, Cambridge, and Joy, 1950-1963*, HarperOne, Nueva York, 2007, p. 164.
[151] Ibid.

En la imaginación popular predomina su amistad con Tolkien, pero una consideración similar merece su amistad con Dorothy Sayers, y su constante correspondencia con religiosos católicos como Dom Bede Griffiths y el sacerdote —hoy beato— Giovanni Calabria. En segundo lugar, porque indudablemente hay en su pensamiento algo que —sea cual sea su vínculo con el catolicismo romano— puede ser calificado de católico. Así, por ejemplo, que si bien la salvación por la fe puede estar en el centro de la experiencia personal y de la predicación, no aparece como piedra angular de la teología, lugar que ocupa más bien la visión de Dios. Pero esto no debiera causar excesiva sorpresa, pues son elementos que le podían resultar familiares como anglicano. No obstante, hay quienes pueden preguntarse si acaso Lewis se quedó simplemente a mitad de camino —en un camino que iba del ateísmo al catolicismo— o si tenía argumentos que lo llevaran a quedarse donde se quedó.

Tal vez no tengamos suficientes textos para responder adecuadamente a esa pregunta. De hecho, ¿qué texto podría ser suficiente? No conocemos el corazón del hombre. Pero sí tenemos textos en los que Lewis compara, aunque siempre sea de modo circunstancial, el catolicismo y el protestantismo, y nos permiten por lo menos dar cierta caracterización de la posición de Lewis. Es muy común que dichos textos se encuentren en los libros especializados de Lewis, ahí donde no escribía *ad populum*. Pues en tales textos tenía que lidiar muchas veces con la literatura del siglo XVI, lo que difícilmente se podría hacer de un modo cabal sin hacer mención de la Reforma protestante. Veámoslo en un típico comentario suyo a una obra literaria. Tratando la cuestión de la penitencia en *La reina de las hadas* de Spenser, se despega por un momento de su labor de crítico literario. Es cierto, nos dice, que el cristianismo implica separarse del mundo *como* por una pared, y quedar de algún modo sometido a una regla. ¿Pero cuán real debe ser la pared? Ahí, sugiere, llegamos a la causa verdadera de las diferencias entre católicos y protestantes: cuando la pared se vuelve de ladrillos verdaderos: «...alcanzamos aquella suerte de actualidad a la que apuntan los católicos y que los protestantes evitan deliberadamente. Por lo demás, no es otra la raíz de las diferencias entre ambas religiones. Una sospecha que si los dones espirituales no pueden encarnarse en ladrillos y en cemento, en posiciones oficiales o en instituciones, es porque no existen realmente; la otra, que nada conserva su espiritualidad si la encarnación se fuerza de esa manera y a tal grado. Las diferencias en cuanto a la infalibilidad papal son simplemente otras formas de lo mismo. [...] Al catolicismo se le acusa de ser demasiado parecido a las demás religiones; al protestantismo, de ser definitivamente insuficiente como religión. De ahí que Platón, con sus Formas Trascendentes, sea el doctor de los protestantes y Aristóteles, con sus Formas Inmanentes, el doctor de los católicos»[152].

Uno bien puede preguntarse si esto es una caracterización adecuada del catolicismo o del protestantismo (pues de la historia intelectual de uno y otro ciertamente no lo es). Pero si Lewis era un protestante, podría ser la conclusión positiva del texto, no era un kantiano, sino un platónico; y era uno que veía las dos confesiones como distintas, pero tal vez no mucho más distintas de lo que son el aristotelismo y el platonismo. Ahora bien, desde luego uno no puede explicar las diferencias entre las confesiones por mera referencia a un filósofo predilecto de una u otra tradición, y un texto escrito unos cuantos años más tarde que el recién citado nos muestra un Lewis algo distinto. Un sacerdote católico, el padre Calabria, le había escrito diciendo que el pecado era la causa de la división. Lewis responde sin dejar fuera el pecado, pero con algo más de cautela ante el misterio: «No tengo por cierto que el pecado sea la única causa de cisma. Concedo que no hay cisma sin pecado, pero la segunda proposición no sigue necesariamente a la primera. De los vuestros Tetzel, de los nuestros Enrique VIII, fueron hombres perdidos: añade, si quieres, de los vuestros al Papa León, de los nuestros a Lutero (aunque yo daría a ambos una sentencia más suave). ¿Pero qué debo sentir sobre vuestro Tomás Moro y nuestro Guillermo Tyndale? Releí recientemente toda la obra de éste y de aquél. Me parece que ambos son hombres santísimos y que aman a

---

[152] Lewis, C. S., *La alegoría del amor*, Editorial Universitaria, Santiago, 2000, pp. 256-257.

Dios con todo el corazón: no soy digno de quitar el calzado de uno ni de otro. Y sin embargo disienten y, (lo cual me atormenta y me tiene atónito), su desacuerdo no parece nacer de sus vicios ni de su ignorancia, sino por el contrario, de sus virtudes y de la profundidad de su fe —de tal modo que cuando son mejores es cuando más grandemente disienten. Creo que el juicio de Dios sobre este desacuerdo está más escondido que lo que a ti te parece: y en efecto, sus juicios son un abismo»[153].

Aquí tenemos algo más que en el texto anterior; por ejemplo, un reconocimiento de que la división es pecaminosa (¡a diferencia de la división entre platónicos y aristotélicos!). Afortunadamente, tenemos algunos otros textos en los que Lewis nos dice algo más, no sólo algo sobre las causas de la división —Aristóteles, Platón o el pecado— sino sobre la naturaleza de la misma. Y Lewis no se encuentra entre quienes creen que las diferencias más importantes se encontraran en el campo de la doctrina de la justificación. «Creo poder decir que la barrera ya no es aquella entre una doctrina de fe y una doctrina de obras. No estoy convencido de que algún buen católico alguna vez haya sostenido una doctrina de obras en la forma en que los protestantes lo acusaban, o que algún buen protestante haya sostenido una doctrina de fe en la forma en que los católicos lo acusaban»[154]. En esto puede tener razón. Pero no debemos olvidar el texto sobre Tyndale en el que Lewis nos presenta a este reformador como alguien envuelto en una genuina lucha por liberar a las personas de la idea de que pueden alcanzar la salvación mediante obras. Lewis tenía suficiente conocimiento de la historia del catolicismo y de sus propios amigos católicos como para no caracterizar el catolicismo como una religión de obras (en este punto el escritor de ficción era más entendido que un buen número de teólogos), pero al mismo tiempo lo que ha escrito sobre Tyndale puede ser indicio de que veía este punto como más claramente comprendido y enfatizado en la tradición protestante. En efecto, Dom

---

[153] Moynihan, Martin (ed.), *The Latin Letters of C. S. Lewis*, St. Augustine's Press, South Bend, 1998, p. 41.
[154] Lewis, C. S., «Christian Reunion» en *Christian Reunion and other Essays*, Collins, Londres, 1990, p. 18.

Bede Griffiths, el amigo católico que revisó *Mero cristianismo*, escribe en una ocasión que todos somos salvos por la gracia de Cristo, sea mediante la ley natural... —y Lewis interrumpe para precisar: «De acuerdo en que todos somos salvos por Cristo, ¿pero "mediante la ley natural" o cualquier otra *ley*?»[155]. No es aquí a un católico poco instruido, sino a un abad benedictino al que Lewis tiene que preguntar si acaso realmente se puede dejar de lado toda la insistencia de Pablo en nuestra incapacidad para cumplir la ley. Esta «omisión» puede no ser un error de la teología católica —como Lewis se apuraría en señalar—; pero es un error que un católico comete con tal vez mayor facilidad y frecuencia que un protestante.

Pero en cualquier caso, está claro que no es aquí donde Lewis pone la diferencia principal. Dicha diferencia principal se encuentra según Lewis en la autoridad. En respuesta a Calabria, quien le había enviado su obra *Ut Omnes Unum Sint* Lewis escribe: «Cuando escribes que el Papa es *il punto d'incontro* casi cometes —si los tuyos me permiten decirlo así— lo que los lógicos llaman una *petición de principio*. Pues respecto de nada disentimos tanto como de la autoridad del Papa: y de esta diferencia dependen casi todas las restantes»[156]. Pero claramente no era sólo el punto concreto de la autoridad papal el que mantenía a Lewis fuera del catolicismo, sino un conjunto de elementos relacionados, adecuadamente resumidos en el siguiente texto, en el cual a su vez reconoce los riesgos que hay que ver en el protestantismo: «La dificultad que permanece, y que se vuelve tanto más aguda cuanto más acotada, es nuestro desacuerdo en torno a la sede y naturaleza de la autoridad. La verdadera razón, me parece, por la cual no podéis estar en comunión con nosotros, no es tanto vuestro desacuerdo con tal o cual particular doctrina protestante, sino la absoluta ausencia de una real «doctrina» en vuestro sentido de la palabra. Es, os parece, como preguntarle a un hombre si está de acuerdo no con otro hombre, sino con un grupo que debate. Y la verdadera razón por la que yo

---

[155] Lewis, C. S., *The Collected Letters of C. S. Lewis volume 3: Narnia, Cambridge, and Joy, 1950-1963*, HarperOne, Nueva York, 2007, p. 23.
[156] Moynihan, Martin (ed.), *The Latin Letters of C. S. Lewis*, St. Augustine's Press, South Bend, 1998, pp. 40-41.

no puedo estar en comunión con vosotros no es mi desacuerdo con tal o cual doctrina católica, sino el que aceptar vuestra Iglesia significa no aceptar un determinado cuerpo de doctrinas, sino aceptar por anticipado cualquier doctrina que vuestra Iglesia de aquí en adelante produzca. Es como que se le pida a uno estar de acuerdo no con lo que un hombre ha dicho, sino con lo que va a decir. Para vosotros el verdadero vicio del protestantismo es el informe impulso que parece incapaz de retener las verdades católicas, y que las pierde una a una, acabando en un «modernismo» que no puede ser clasificado como cristiano bajo ninguna tolerable extensión de la palabra. Para nosotros, lo terrible sobre Roma es la temeridad (a nuestro parecer) con que ha añadido al *depositum fidei* —la fertilidad tropical, la proliferación de *credenda*. Vosotros veis que en el protestantismo la fe muere en un desierto; nosotros vemos que en Roma la fe se ahoga en una selva»[157].

Había pues razones por las que Lewis permaneció como protestante en lugar de católico, y dichas razones tienen que ver con puntos importantes. A él ciertamente le habría sorprendido cuando algunos se preguntan por qué no se hizo católico. La vez que alguien le pregunta eso en una carta, le da la más natural respuesta: «Para mí la pregunta no es por qué no volverme católico romano, sino por qué habría de hacerlo»[158]. Pero al mismo tiempo está claro por el párrafo recién citado que el trato con el catolicismo había sido provechoso: Lewis no vivió sólo con miedo a la selva, sino también al desierto. A eso nos dirigimos a continuación.

3. Lewis entre liberales y fundamentalistas

Podemos continuar nuestra caracterización de su posición eclesiástica atendiendo a su posición entre liberales y fundamentalistas. Cómo toma distancia de los segundos se puede ver en

---

[157] Lewis, C. S., «Christian Reunion» en *Christian Reunion and other Essays*, Collins, Londres, 1990, p. 20.
[158] Lewis, C. S., *The Collected Letters of C. S. Lewis volume 3: Narnia, Cambridge, and Joy, 1950-1963*, HarperOne, Nueva York, 2007, p. 106.

Reflexiones sobre los Salmos, obra a la que podríamos calificar como su libro más anglicano. Ahí hace la siguiente afirmación: «Uno puede respetar, y a ratos envidiar, tanto la visión fundamentalista de la Biblia como la visión católico-romana de la Iglesia. Pero hay un argumento que debemos guardarnos de usar para defender cualquiera de estas posiciones: Dios tiene que haber hecho lo mejor; esto es lo mejor, por lo tanto Dios debe haber hecho esto. Porque somos mortales y no sabemos qué es lo mejor para nosotros, y es peligroso prescribir qué es lo que Dios debió haber hecho, especialmente cuando no podemos, de ningún modo, demostrar que después de todo lo haya hecho»[159]. Tal texto debe ser leído cuidadosamente. Está comparando catolicismo y «fundamentalismo». Pero por el modo en que se usa hoy esta palabra, cualquiera podría pensar que está comparando eso que hoy llamamos fundamentalismo con el catolicismo, entendiendo ambos como agresivamente conservadores, o algo por el estilo. Pero sería un error, pues Lewis jamás oyó hablar del fundamentalismo como usamos hoy la palabra. Fundamentalistas se llamaban a sí mismos algunos grupos evangélicos norteamericanos de principio de siglo, grupos que sostenían estar defendiendo las doctrinas fundamentales en contra de los ataques del liberalismo[160]. Lewis desde luego comparte con ellos tal defensa. ¿Dónde radica entonces su diferencia respecto de los fundamentalistas? Lo que en realidad les reprocha no es su actitud crítica respecto de la modernidad, sino el hacer la crítica desde una posición inconscientemente moderna. Lo que molesta a Lewis es la aparente creencia en que la revelación sería entregada como «una luz no refractada, que nos entrega la verdad última en forma sistemática —algo que pudiéramos reducir a tablas para confiar en ello como en la tabla de multiplicación»[161]. Así, aunque compartía con el fundamentalismo muchas verdades, se distanciaba de ellos claramente en el modo en que creía que llegamos a acceder a ellas.

---

[159] Lewis, C. S., *Reflections on the Psalms*, HarperCollins, London, 1998, p. 97.
[160] Tengo que disculparme aquí por una explicación muy insuficiente. Para una explicación adecuada del fundamentalismo véase Marsden, George, *Understanding Evangelicalism and Fundamentalism*, Eerdmans, Grand Rapids, 1991.
[161] Lewis, C. S., *Reflections on the Psalms*, HarperCollins, London, 1998, p. 97.

En otros sentidos, por supuesto estaba en un mismo frente con aquellos de los que se distancia en el texto recién citado. En carta a Dom Bede Griffiths le dice que está acostumbrado al respeto y a la cortesía tanto de parte de ateos como de parte de católicos, pero que de parte de cristianos «no dogmáticos», «liberales» o «modernistas», «doy por sentada la amargura y el rencor»[162]. Tales palabras son fuertes. Pueden ser útiles si queremos entender el hecho de que la universidad no necesariamente es un apacible castillo de marfil: en carta a Tolkien Lewis escribe estar siendo «crecientemente objeto de odio»[163], y no es la única vez que se expresa de ese modo[164]. Pero no son palabras útiles para entender lo que separa a Lewis de los liberales —después de todo, la amargura, el rencor y la falta de respeto se encuentran incluso mejor difundidos por el mundo que el liberalismo. Debemos, pues, prestar atención a algunos otros textos.

En su libro póstumo sobre la oración, encontramos algo bastante más significativo, ya que Lewis intenta —en una carta imaginaria, que es el género de la obra— crear en su interlocutor la disposición correcta hacia los liberales, y para eso intenta explicarle por qué para ellos somos «nosotros», los que piensan como Lewis, los equivocados: «No juzgues mal a estos "cristianos liberales", pues creen genuinamente que escritores como yo estamos haciendo un gran daño»[165]. ¿A quiénes tiene Lewis en mente? Fundamentalmente a quienes se consideran incapaces —por ejemplo, porque creen que habría un conflicto con la ciencia— de asentir a la mayoría de los artículos de "la fe dada a los santos", pero que no obstante desean salvar algún vestigio de religión que quisieran seguir describiendo como cristianismo. Creen, también, que hay que seguir atrayendo a la gente a tal religión, pero que hay que «volver más ligera la embarcación para que flote». Para ellos, naturalmente, será gente como Lewis la que da al cristianismo una estocada mortal

---

[162] Lewis, C. S., *The Collected Letters of C. S. Lewis volume 3: Narnia, Cambridge, and Joy, 1950-1963*, HarperOne, Nueva York, 2007, p. 112.
[163] Ibid., p. 385.
[164] Cfr. Ibid., p. 160.
[165] Lewis, C. S., *Letters to Malcolm. Chiefly on Prayer* Fontana Books, Londres, 1966, p. 118.

al no querer liberarlo del escándalo, al hacerlo aparentemente tan difícil de digerir. Si desprecian a autores como Lewis, tal vez no sea por amor a la verdad, pero sí por amor a algo que vagamente podemos llamar su religión. Y ése es un motivo entre otros para no adoptar ante ellos una actitud rencorosa. Además, escribe Lewis, no hay que temer que estén apoyando la causa del secularismo, pues éste ya tiene cientos de defensores bastante más competentes. El cristiano liberal desde luego es más publicitado que el resto de los secularistas, pero por un motivo accidental: el ataque a la doctrina cristiana «se vuelve noticia si el que lo lanza es un clérigo, tal como una protesta común y corriente contra el maquillaje se volvería noticia si la lanzara una estrella de cine»[166].

Pero el paralelo con las estrellas de cine y la actitud noble que Lewis pide respecto de los cristianos liberales no debiera oscurecer el hecho de que esto para él ciertamente era una cuestión muy seria. «Una gran cantidad de lo que está siendo publicado en la tradición religiosa es un gran escándalo. [...] No puedo entender cómo alguien aparece en prensa afirmando no creer en aquello que presupone cada vez que se viste de clérigo. Siento que es una forma de prostitución»[167]. ¿Por qué le preocupaba tanto esto? En primer lugar, por el tipo de apelación a la razón que suele haber en estas discusiones. Muchas personas creen que el error de los liberales sería el dar demasiado lugar a la razón en cuestiones de fe; y muchos liberales creen, de hecho, que por seguir la razón es que se les ha vuelto problemático el cristianismo tradicional. Pero Lewis estaría en total desacuerdo con este modo de caracterizar el problema. Según él no sería un exceso de razón sino más bien una falta de la misma la que conduce a los liberales a la mayoría de sus dilemas: «Sea lo que sea lo que valgan como críticos bíblicos, desconfío de ellos como críticos»[168]. En segundo lugar, porque no creía que una mayor unidad de los cristianos hubiera de venir

---

[166] Ibid., p. 119.
[167] Lewis, C. S., *God in the Dock. Essays on Theology and Ethics* en *The Collected Works of C. S. Lewis*, Inspirational Press, Nueva York, 1996, p. 476.
[168] Lewis, C. S., *Christian Reflections* en *The Collected Works of C. S. Lewis*, Inspirational Press, Nueva York, 1996, p. 280.

de tales versiones «aguadas» del cristianismo. «Tengo una fuerte premonición sobre cómo *no* va a llegar la unidad. No vendrá de los extremos. Católicos "liberales" y anglicanos "altos" no serán los primeros en unirse. Porque lo curioso es que cuanto más te acercas al corazón de cada comunión, tanto menos notas la diferencia respecto de la otra»[169]. Por último, Lewis está hablando desde una sencilla y central preocupación por quienes no han llegado al cristianismo. «¿Alguna vez has oído que alguien se haya convertido del escepticismo a una versión "liberal" o "desmitologizada" del cristianismo?»[170] Lewis no creía que tal cosa habría de ocurrir, sino que las conversiones serían casi siempre a un cristianismo ortodoxo. Así, podríamos decir que era antiliberal por motivos racionales, ecuménicos y evangelísticos. Reconocía por supuesto en eso estar adoptando una posición contraria al rumbo general de su propia iglesia, y reconocía que ser «misionero enviado a sus propios pastores» puede ser un papel vergonzoso. Pero «tengo la horrible sensación de que si no se pone manos a la obra en tal misión, la historia futura de la Iglesia de Inglaterra puede ser breve»[171]. Con eso ya ha mencionado su propia iglesia, y a ella debemos dirigirnos a continuación.

4. Un anglicano «ni muy alto ni muy bajo»

Hemos hablado del «salón protestante» y hemos visto luego la posición de Lewis ante «liberales» y «fundamentalistas». Pero liberalismo y fundamentalismo no son habitaciones de la gran casa que es el cristianismo, sino fenómenos que uno se encuentra en la mayoría de las habitaciones. Las habitaciones son otras, y el protestantismo tiene subdivisiones como para desorientar a cualquiera. Su hermano Warren, en un breve retrato biográfico, se refiere en estos términos a

---

[169] Lewis, C. S., «Christian Reunion» en *Christian Reunion and other Essays*, Collins, Londres, 1990, p. 20.
[170] Lewis, C. S., *Letters to Malcolm. Chiefly on Prayer*, Fontana Books, Londres, 1966, p. 119.
[171] Lewis, C. S., *Christian Reflections* en *The Collected Works of C. S. Lewis*, Inspirational Press, Nueva York, 1996, p. 289.

Lewis: «Su "confesionalidad" no puede ser etiquetada. Jamás eran las cuestiones de mayor sentido o las más importantes las que le desagradaban del lado "católico", sino que le molestaba su preocupación excesivamente ritualística sobre cuestiones no esenciales, la exageración de las trivialidades»[172]. No es fácil saber si el lado católico al que alude Warren es el catolicismo o —más probablemente— los grupos anglocatólicos de la iglesia anglicana. En cualquier caso, Lewis mismo era por supuesto un anglicano, pero, como lo dice en el prólogo de *Mero cristianismo*, «ni muy alto ni muy bajo». ¿Pero cómo podríamos caracterizar adecuadamente dicho anglicanismo? Aquí intentaremos hacerlo mediante un contraste con la otra tradición protestante de gran fuerza en el mundo inglés. Después de todo, Lewis vive en un país en el que se escribió gran parte de la historia del puritanismo. ¿Cómo debemos caracterizarlo dentro de dicho escenario? ¿Dónde se aleja de la tradición reformada para ser más específicamente anglicano?

Tanto por carácter como por doctrina estaba más bien lejos de los puritanos o de sus herederos contemporáneos. En algunos casos —aquí también se aplican las palabras de su hermano— por lo que le parecía la exageración de trivialidades. Que alguien pudiese considerar la abstinencia del alcohol como un signo de vida cristiana le parecía sencillamente perdido. Contra tal idea «tiránica», «no bíblica» y «provinciana» declara tener las más fuertes objeciones[173]. Pero no se trataba sólo de cosas menores, sino también había diferencias doctrinales. Una mirada a su historia de la literatura del siglo XVI mostrará que según Lewis Calvino habría tenido una experiencia correcta —el haber experimentado que nuestra salvación no es de modo alguno obra de nosotros—, pero que a partir de ahí habría construido un sistema en el que se forzaba ciertas conclusiones lógicas —la doble predestinación— en lugar de guardar algo de distancia ante el misterio[174]. Con todo, una inspección

---

[172] Lewis, Warren, «Memoir of C. S. Lewis», en *Letters of C. S. Lewis*, Collins, Londres, 1988, p. 39.
[173] Lewis, C. S., *The Collected Letters of C. S. Lewis volume 3: Narnia, Cambridge, and Joy, 1950-1963*, HarperOne, Nueva York, 2007, p. 580.
[174] Lewis, C. S., *Oxford History of English Literature in the Sixteenth Century Excluding Drama*, Clarendon Press, Oxford, 1954, p. 43.

más detenida arroja un resultado sin tal antipatía por la tradición reformada. Pues lo que Lewis deplora no es el calvinismo completo, como sistema de pensamiento, sino aquella tendencia, siempre latente, a despreciar indiferenciadamente todo lo que tuviera que ver con la justicia o la razón humana. Pero es significativo que sus palabras más duras al respecto no las reserve para ningún puritano clásico, sino para Karl Barth. Así escribe a su hermano: «¿Creíste ingenuamente que al menos al estar entre creyentes podríamos estar a salvo? [...] Para nada. Entré a la universidad pensando que yo era un defensor de lo antiguo, de las doctrinas rígidas, contra la tibieza semicristiana de la modernidad, sólo para acabar dándome cuenta de que mi "rigidez" era su "tibieza". Todos han estado leyendo a un tipo temible llamado Karl Barth. [...] "Bajo juicio" es su expresión favorita. Todos hablan como [...] profetas del Antiguo Testamento. No confieren absolutamente ningún valor a la razón humana o a la conciencia humana. Todos afirman, tan obstinadamente como Calvino, que no existe ninguna razón por la que el actuar de Dios nos deba parecer justo (ni hablar de misericordioso), y mantienen la doctrina de que toda la justicia humana es un trapo viejo, con una fiereza y sinceridad que es como un golpe en la cara»[175]. También tiene palabras duras para otro tipo de reformado, el puritano de caricatura —que existe también en la realidad. Al respecto es también una carta el documento más revelador. A su amigo Arthur Greeves le escribe advirtiéndole contra este puritanismo por una serie de razones: por el modo en que interfiere con la vida de quienes no siguen sus convicciones, por el modo inconsistente en que rechaza *ciertos* placeres mundanos —pero no la avaricia ni la glotonería—, por su ignorancia —«no saben dar "razón de su esperanza"»— y por sus frutos —«¿Se les ve huella de paz, amor, sabiduría y humildad?». Lewis es categórico: «No te preocupes más por ese tipo de puritanismo, es simplemente la forma que el *recuerdo* del cristianismo adopta antes de perecer en una sociedad comercial»[176]. A juzgar por este tipo de textos, Lewis no sería un

---

[175] Hooper, Walter (ed.), *Letters of C. S. Lewis*, Collins, Londres, 1988, pp. 339-340.
[176] Hooper, Walter (ed.), *They Stand Together. The Letters of C. S. Lewis to Arthur Greeves (1914-1963)*, Macmillan, Nueva York, 1979, pp. 432-433.

«mero cristiano», sino un anglicano furibundamente antireformado. Pero, recordemos, estos dos textos son ataques a un fenómeno contemporáneo. ¿Qué queda en pie si dirigimos la mirada hacia atrás, a representantes más nobles de la tradición calvinista?

En su obra erudita, que es donde tiene ocasión de hablar del siglo XVI, Lewis parte más bien por corregir la versión popular de lo que sería el puritanismo. Ahí deplora que hoy el término «puritano» signifique algo así como «rigorista» o «ascético». «Paradójicamente, el "puritano" de la imaginación moderna —un tipo de corazón duro y oscuro, que sólo sabe hacer por deber lo que otros hombres más felices y ricos hacen casi sin pensar— es precisamente aquello contra lo cual se levantó el protestantismo histórico»[177]. Esta inversión del significado del término vale también para los otros aspectos del «puritanismo», como la crítica que Lewis ha hecho a la incapacidad de algunos para «dar razón de su esperanza». Pues «en su etapa temprana», nos recuerda, «el puritanismo podía ir bien de la mano de una rígida lógica y de una cultura humanista»[178]. Tampoco su oposición a la doctrina de la doble predestinación se origina en Lewis en algún intento por afirmar una libertad humana al margen de la soberanía de Dios. Veamos cómo plantea él la cuestión: «Toda esa cuestión calvinista —libre albedrío y predestinación— me parece imposible de plantear, insoluble. [...] La diferencia entre libertad y necesidad está bastante clara a nivel corporal: sabemos la diferencia que hay entre hacer castañetear nuestros dientes y descubrir que están castañeteando a causa del frío. Pero comienza a ser menos clara cuando hablamos del amor humano (dejando de lado el tipo *erótico*): "¿Me gusta porque quiero o porque me tiene que gustar?". Hay casos en que eso puede resolverse, pero otros en que la pregunta no tiene sentido. Si llevamos ahora la cuestión a la relación entre Dios y el hombre, ¿acaso no pierde la distinción todo sentido?»[179] Incluso la idea del Dios «arbitrario», tan frecuentemente atribuida a la tradición reformada, es algo de lo que no cree debamos

---

[177] Lewis, C. S., *Oxford History of English Literature in the Sixteenth Century Excluding Drama*, Clarendon Press, Oxford, 1954, p. 187.
[178] Ibid., p. 46.
[179] Hooper, Walter (ed.), *Letters of C. S. Lewis*, Collins, Londres, 1988, pp. 426-427.

despedirnos con tanta facilidad: «Antes —y esto lo escribe ya antes de su conversión— creía que esto era como adoración de demonios, basada en una horrible superstición. Pero ahora que he encontrado, y encuentro cada vez más, el elemento de verdad en las antiguas creencias, siento que ni siquiera su lado aterrador puede ser puesto de lado de modo tan sencillo»[180].

Hechas estas aclaraciones tenemos a C. S. Lewis en una posición que intenta, al menos, hacer justicia a la tradición que grosso modo viene de Calvino. La imagen popular de la misma, y el modo en que esa imagen popular de hecho llega muchas veces a existir en la realidad, es algo que deplora. Pero sabe distinguir. Con todo, no hay que engañarse. Era un anglicano de cepa pura, y había heredado de Hooker la imagen según la cual Calvino es el padre de los revolucionarios modernos[181]. Del mismo Hooker Lewis había heredado el respeto por la razón y la tradición, y resalta esto como notas distintivas del anglicanismo. Como anglicano era pues un defensor de la autoridad de las Escrituras, de la tradición, de la experiencia, de la razón. Si alguien quiere saber algo más, como dice el mismo Lewis, debe ir al *Book of Common Prayer*.

5. La unidad deseada

Sería muy inapropiado terminar un capítulo sobre Lewis y las tradiciones cristianas enfatizando su carácter de anglicano. Más lewisiano es terminar revisando algunas de sus reflexiones sobre la unidad de los cristianos. En carta a Dom Bede Griffiths escribe que «una cristiandad unida debiera ser la respuesta al nuevo paganismo. Pero confieso que no puedo ver cómo lograr la reconciliación de las iglesias, como algo distinto de la conversión de individuos de una

---

[180] Hooper, Walter (ed.), *They Stand Together. The Letters of C. S. Lewis to Arthur Greeves (1914-1963)*, Macmillan, Nueva York, 1979, pp. 319-320.
[181] La presentación que Lewis hace de Calvino en la *Oxford History of English Literature in the Sixteenthx Century Excluding Drama* podría en este sentido ser comparada con la que hace Eric Voegelin en la *Nueva ciencia de la política*. En ambos casos es Hooker el responsable de esta peculiar visión de Calvino.

a otra. Me inclino a pensar que la tarea inmediata es una vigorosa cooperación sobre la base de lo que todavía es común —combinado, por supuesto, con un completo reconocimiento de las diferencias. Una unidad *experimentada* en algunas cosas podría ser un preludio a una unidad confesional en todas las cosas»[182]. Desde luego no se trata sólo de hacer causa común contra un enemigo en común. Esa sería una unidad negativa, no el tipo de unidad que busca el cristianismo. Se trata más bien de una dialéctica que combina elementos positivos con un redescubrirse en medio de la adversidad: «Los peligros comunes, las penas comunes, el casi universal odio y desprecio de todos los hombres hacia el rebaño de Cristo pueden, con la gracia de Dios, ayudar a sanar nuestras divisiones: en efecto, los que sufren las mismas cosas, en manos de los mismos, a causa de Él mismo, apenas pueden dejar de amarse entre sí»[183].

Pero si hablamos de Lewis como alguien preocupado no sólo por el mero cristianismo sino por la unidad de los cristianos, hay que aclarar que poco y nada tiene que ver esto con el ecumenismo como un proyecto desarrollado institucionalmente. Al respecto no encontramos en Lewis palabra alguna. En lo que está pensando, sin duda, es en laicos de distintas tradiciones cristianas que por su testimonio cristiano en común contribuyen a la unidad de sus iglesias. No es en ese sentido un «ecumenismo oficial», pero tampoco un mero «ecumenismo moral» que intente «inyectar valores cristianos en la política». Se trata de un testimonio cristiano integral en común: «El trabajo en común, la oración, la fortaleza, las muertes (si Dios quiere) comunes por Cristo —estas cosas unirán»[184]. Una vez más es en carta a Calabria que saca de ahí un corolario, esto es, que sólo mediante ese paso se podrá también avanzar en el esclarecimiento de las verdades en torno a las que estamos divididos: «El Señor dijo "Si alguien hiciere la voluntad del Padre, conocerá la doctrina" (lo escribo con mis palabras, pues hoy no tengo el Nuevo Testamento a mano). Haciendo la verdad que ya conocemos, avanzaremos hacia

---

[182] Hooper, Walter (ed.), *Letters of C. S. Lewis*, Collins, Londres, 1988, p. 319.
[183] Moynihan, Martin (ed.), *The Latin Letters of C. S. Lewis*, St. Augustine's Press, South Bend, 1998, pp. 36-37.
[184] Ibid., pp. 42-43.

la verdad que todavía ignoramos. Entonces sin duda seremos uno: porque la verdad es una»[185]. ¿Tenía motivos para estar esperanzado? La queja por la falta de avance es algo común en el movimiento ecuménico. Pero en 1947 Lewis podía al menos hacer el siguiente balance: «Ahora vemos entre los cristianos divididos mayor caridad o ciertamente menos odio que el que hubo hace cien años»[186].

---

[185] Ibid.
[186] Ibid., p. 36-37.

Comunidad

1. El individualismo y el valor de la persona

«Cuando por primera vez llegué a Oxford, el típico grupo de amigos en el pregrado consistía en unas seis personas que se conocían unos a otros muy bien, que hasta las dos de la mañana leían trabajos de alguien del propio grupo y discutían sus propios problemas. Pero para el tiempo de la guerra el típico grupo de pregrado se había transformado en una audiencia de cien o doscientas personas que se reunían en un auditorio para escuchar a algún famoso invitado»[187]. De la comunidad se había pasado a la masa. Y al individualismo. Pero los males contrarios no necesariamente se equilibran, sino que a veces se agravan mutuamente. ¿Cómo expresa Lewis sus convicciones sobre el valor de la persona y el valor de la comunidad?

Lo primero que puede ser conveniente tener presente, es que no cualquier crítica de la masa suscitaría su aprobación, ni tampoco cualquier crítica del individualismo. Lo primero está claro: hay quienes critican a la masa simplemente desde la arrogancia de una pretendida superioridad. ¿Pero lo segundo? Respecto de eso tenemos en Lewis un testimonio muy significativo en una charla de respuesta a un crítico marxista de sus novelas. Éste, el profesor Haldane, es por supuesto un crítico del individualismo: alguien que cree que todos los grandes males sociales se deben en último término a nuestro egoísmo. Hasta ahí Lewis malamente podría objetar

---

[187] Lewis, C. S., *The Weight of Glory and Other Addresses*, Macmillan, Nueva York, 1965, pp. 106-107.

algo. Pero cuando el profesor Haldane propone que debemos dejar de buscar nuestra felicidad individual, Lewis ya se ve obligado a exigir distinciones: si Haldane quiere decir que «tenemos que dejar de buscar nuestra felicidad individual *a costa de los demás*», tiene toda la razón. Pero Lewis teme que lo que en realidad quiere decir es que hay algún tipo de felicidad distinta de la felicidad de los individuos[188]. Y con eso, ciertamente no puede estar de acuerdo. Educado por los antiguos, tiene que haber leído mil veces que la felicidad de un pueblo es la felicidad de sus integrantes.

Las sospechas respecto de la crítica de Haldane al individualismo se ven rápidamente confirmadas cuando Lewis lo ve decir que en un mundo en el que desapareciera el egoísmo, desaparecerían también palabras como «mío» y «tuyo» e incluso palabras como «yo» y «tú». Para Lewis esto es absurdo. Es verdad que hay que superar el egoísmo, pero lo contrario del egoísmo es el amor. Y el amor requiere de personas distintas. Lo que le echa en cara a Haldane es pues «no distinguir entre estas dos soluciones opuestas al problema del egoísmo: el amor (que es una relación entre personas) y la abolición de las personas»[189]. Hay pues lugar para una celebración no egoísta de lo que cada uno es. Y Lewis es enfático en cuanto a los riesgos de esa «exaltación de lo colectivo e indiferencia respecto de las personas»[190]. Pero a pesar de que es con un marxista que discute, no intenta culpar exclusivamente a las ideologías de este fenómeno: «Las raíces filosóficas del problema pueden estar en Hegel y Rousseau, pero el carácter general de la vida moderna, con sus enormes organizaciones impersonales, puede ser más poderoso que cualquier filosofía»[191]. En las pocas ocasiones en que le tocó predicar, éste es un punto recurrente de los sermones de Lewis. En una prédica sobre «membresía» escribe que «llegará el día en que cada cultura, cada institución, cada nación, toda la raza humana,

---

[188] Lewis, C. S., *On Stories and other Essays on Literature*, Harcourt Brace, Nueva York, 1982, p. 72.
[189] Ibid., p. 78.
[190] Ibid.
[191] Ibid.

toda vida biológica esté extinta, y sin embargo cada uno de nosotros esté vivo. La inmortalidad se nos promete a nosotros, no a ese tipo de generalidades»[192]. Y en el más célebre de sus sermones, «El peso de la gloria», insiste sobre el mismo punto diciendo que esto lo debemos tener en mente en todo momento, en todo nuestro trato con otros, en la amistad, el juego y la política: «No hay gente común y corriente, nunca has hablado con un mero mortal. Las naciones, las culturas, las artes y las civilizaciones —ésas son cosas son mortales, y su vida es para nosotros como la de un mosquito. Pero es con inmortales que bromeamos, trabajamos, nos casamos y explotamos —horrores inmortales o esplendores sin fin»[193]. Cómo esta centralidad de la persona se encuentra articulada con nuestro carácter social es lo que veremos a continuación.

2. Comunidad y amistad

Las palabras con que hemos terminado la sección anterior muestran cuán fuertemente esto se vincula con la fe de Lewis. Él mismo habla sobre cómo «el cristianismo irrumpe en medio de la antítesis de individualismo y colectivismo» y de cómo para un colectivista secular esto debe parecer el más craso individualismo[194]. Pero el hecho de que no es un individualismo lo podemos iluminar también desde fuera del cristianismo, desde un tema que Lewis tiene en común con los grandes moralistas paganos, la amistad. Conforme a la visión clásica del hombre, hay dos aspectos que lo hacen distinguirse de otros animales: el ser racional y el ser social. Esto, aunque suene muy trivial, puede requerir cierta explicación para que entendamos todo lo que con ello se quiere decir. Cuando decimos que el hombre es un ser social *a diferencia de otros animales*, eso puede sonar muy extraño, ya que en realidad hay otros animales que muestran una organización social mucho más efectiva

---

[192] Lewis, C. S., *The Weight of Glory and Other Addresses*, Macmillan, Nueva York, 1965 p. 128.
[193] Ibid., p. 139.
[194] Ibid., pp. 128-129.

que nosotros. ¿En qué sentido se puede decir que somos más sociales que las abejas? Ya hemos hecho referencia a eso en el capítulo sobre el lenguaje, comentando una cita de Aristóteles. Los hombres somos los seres más sociales porque no sólo emitimos ruidos que indican gustos, dolores, placeres, necesidades. No sólo tenemos voz, sino palabra. Podemos discutir sobre lo justo, lo bueno, lo bello. Ahí radica el corazón de nuestra sociabilidad. Y esto requiere ser dicho, pues hay quienes bajo la noción de bien común con dificultad entienden algo más que el alcantarillado público. Enseñan, en efecto, que la vida política tiene por sola finalidad el solucionar nuestros problemas materiales, relegando el resto a la vida privada. Privatizan así precisamente lo más común de todo.

Lo dicho significa, en efecto, que somos sociales *porque somos racionales*. Porque tenemos razón tenemos palabra, y ella es la que nos hace más sociales que otros animales. Esto también se puede leer al revés: un conjunto de personas que no muestra racionalidad, tampoco constituye verdadera comunidad. Los seres humanos constituimos comunidad cuando podemos dejar una huella en otro: cuando podemos aprender unos de otros, cuando encontramos refugio unos en otros, etc. Eso no sólo significa que la sociabilidad no se da en las aglomeraciones. Significa también que no se da en algo así como el Estado. Nadie vive de modo directo, inmediato, en el Estado. Nuestra vida real, la verdadera sociabilidad, se desarrolla en una serie de grupos que se encuentran entre la familia y el Estado. Dichos grupos pueden ser desde un grupo de amigos, pasando por instituciones educacionales, hasta clubes deportivos, movimientos eclesiásticos o partidos políticos. Todos estos grupos que se encuentran entre la familia y el Estado son los que suelen ser designados con el nombre de «cuerpos intermedios». Y ahí, en estos cuerpos, es donde se da la verdadera vida del hombre. Es en ellos donde aprendemos lo que es comunidad.

Para los antiguos una de estas agrupaciones se llevaba todos los elogios. Era la escuela del bien, el fundamento de la comunidad política. Y se trata no del más necesario de todos los cuerpos sociales sino, por el contrario, de uno que no existe para producir algo distinto de sí, sino por sí mismo. La amistad. Esto puede sonar un tanto extraño. Todos sabemos cuánto vale la amistad. Pero que sea *políticamente* relevante es otra cosa. Sin embargo, para los antiguos precisamente la amistad era el fundamento de la comunidad política. La amistad, dirá uno de ellos, «es lo más necesario para la vida»[195]. Lewis se encuentra dentro de esta tradición: «A los antiguos, la amistad les parecía el más feliz y el más plenamente humano de los amores, la coronación de la vida y la escuela de la virtud. El mundo moderno, en comparación, la ignora. Admitimos, por cierto, que además de una esposa y una familia un hombre necesita unos pocos "amigos". Pero el tono mismo de la admisión y el tipo de relaciones descritas como "amistades" por quienes hacen esa admisión, demuestran claramente que aquello de que hablan tiene muy poco que ver con esa *Philia* que Aristóteles clasificaba entre las virtudes, o esa *Amicitia* sobre la cual Cicerón escribió un libro»[196]. Y Lewis habla aquí no sólo como quien aprecia el pensamiento antiguo, sino como alguien que había tenido una experiencia de este tipo de amistad: los Inklings. Lewis mismo describe este grupo de amigos del siguiente modo en una de sus cartas: «Williams, Dyson de Reading y mi hermano (anglicano) Tolkien y Havard —mi médico— (de tu iglesia) son los "Inklings", a quienes dediqué mi obra *El problema del dolor*. Nos reunimos los viernes en mi cuarto. En teoría para hablar sobre literatura, pero en general para hablar sobre cosas mejores. Lo que les debo a todos ellos es incalculable. Dyson y Tolkien fueron las causas directas de mi conversión. ¿Hay en el mundo algún gusto comparable al de un grupo de amigos cristianos reunidos en torno al fuego?»[197]. Puede ser conveniente detenernos un segundo en la palabra escogida por Lewis: ¿qué quiere decir al afirmar que tal amistad es un gran «gusto»? Ciertamente, no quiere decir que sea un lujo superfluo. Pero tampoco es una «necesidad». ¿Pero no había Aristóteles dicho que es lo más *necesario* para la vida? Efectivamente, pero al decir eso se refiere no a la subsistencia —podemos sobrevivir comprando alimentos a nuestros enemigos—, sino a la vida buena, a la vida

---

[195] Aristóteles, *Ética a Nicómaco* VIII, 1.
[196] Lewis, C. S., *Los cuatro amores*, Editorial Universitaria, Santiago, 1999, p. 71.
[197] Hooper, Walter (ed.), *Letters of C. S. Lewis*, Collins, Londres, 1988, p. 363.

lograda. La amistad puede ser una de las cosas más valiosas de la vida, pero no es lo más necesario para la vida. Muy por el contrario, no va de la mano de ningún instinto —a diferencia de las demás formas de amor—, y precisamente por eso una persona puede pasar por la vida sin experimentar la amistad. Biológicamente no la necesitamos. Precisamente ahí, en su carácter de «no natural», Lewis ve una de las causas de que hoy la amistad esté depreciada. Porque la amistad no genera aquellas cosas que valora una sociedad como la nuestra: no genera ni las lágrimas del sentimentalismo ni un instinto puramente biológico. «Para quienes —y en la actualidad son mayoría— ven la vida humana como mero desarrollo y una mayor complejidad de la vida animal, todas las formas de comportamiento que no puedan exhibir certificados en un origen animal y de valor de supervivencia resultan sospechosas. Los certificados de la amistad no son muy satisfactorios»[198]. Vemos aquí a Lewis conectando precisamente con el naturalismo que antes hemos discutido, atento a una de las ramificaciones de tal cosmovisión.

¿Qué es lo que tanto valoraban entonces los antiguos en la amistad? La disposición a buscar el bien del otro. El amigo es el que quiere el bien del otro. Pero no sólo quiere el bien del otro, sino que en la amistad descubre que los principales bienes humanos son aquellos que —como la felicidad, el conocimiento o un pasado común— pueden ser comunes a más de una persona. Esa simple caracterización bastaba para convertir la amistad en la escuela del camino del bien. Casi se podría decir que, aparte de eso, el resto de los problemas políticos sólo son un par de problemas técnicos. Y a la inversa, que no importa cuán perfecta sea técnicamente la organización de una sociedad: si no hay en ella nada que se parezca a amistad política, a búsqueda del bien de los conciudadanos, dicha sociedad no será capaz de acceder a los bienes humanos más fundamentales. La amistad tiene, pues, consecuencias para la vida en sociedad. Pero sólo las tiene cuando no se parte buscando tales consecuencias. Quien inicia una amistad con miras a cambiar el mundo, y no por la amistad misma, no tiene la menor idea de lo que es la

---

[198] Lewis, C. S., *Los cuatro amores*, Editorial Universitaria, Santiago, 1999, p. 74.

amistad. Asimismo quien se dedica a buscar la amistad, rara vez la encuentra. Sólo quien parte por buscar otra cosa, encuentra a quienes buscan esa misma cosa. Quien hace un deporte encuentra otros deportistas, quien busca conocer un determinado tipo de verdad se encuentra con otros buscadores de la verdad, y así en todos los casos. Si en cambio se parte por simplemente buscar deportistas o buscadores de la verdad, sin uno mismo hacer deporte ni buscar la verdad, tal empresa puede ser muy poco fructífera.

Pero hay que advertir contra una lectura errónea de esta comunidad de ideas que caracteriza a la amistad. Las amistades genuinas no son asociaciones monolíticas dedicadas a una simple reafirmación de lo que los amigos creen. Son más bien un camino de transformación y de expansión de nuestro horizonte. El mismo Lewis compara a dos de sus grandes amigos diciendo que uno —Arthur Greeves— es como el alter ego por el que descubre no estar solo en el mundo por lo que respecta a sus gustos, mientras que el otro —Owen Barfield— no es un «alter ego», sino casi más bien un anti-yo. «Desde luego comparte tus intereses, pues de lo contrario no sería tu amigo; pero se ha acercado a cada uno de ellos desde un ángulo distinto. Ha leído los libros correctos, pero sacado de ellos siempre lo equivocado»[199]. Cuando tal amistad se mantiene, cuando no se dejan de lado los argumentos sino que se mantiene viva la discusión, «surge una comunión de mente y una profunda afección»[200].

Ahora bien, sea la amistad con un alter ego o un anti-yo, la amistad muy frecuentemente puede tener una cierta apariencia «separatista». Dentro de una iglesia, dentro de una clase, dentro de cualquier institución, cuando se forma una amistad entre dos o más personas, de algún modo forman un grupo apartado del resto. Cuando decimos «X es mi amigo», eso significa a la vez que los restantes no lo son. Y por eso quienes tienen a su cargo grandes grupos humanos a veces miran con cierto recelo el nacimiento de amistades: las amistades parecen tener un carácter un tanto subversivo. Pero quien busca el bien de la sociedad que dirige debe

---

[199] Lewis, C. S., *Surprised by Joy*, Fontana Books, Londres, 1960, p. 161.
[200] Ibid.

tolerar dicho separatismo: aunque en apariencia las amistades sean separatistas, es en ese «separatismo» donde lentamente se cultivan las ideas que luego pueden transformar la sociedad. «En cada círculo de amigos hay una "opinión pública" sectorial que refuerza a sus miembros contra la opinión pública de la comunidad en general. Cada uno de estos grupos es por tanto un potencial foco de resistencia. Los hombres que tienen verdaderos amigos son menos manejables y menos alcanzables: para las buenas autoridades más difíciles de corregir, y para las malas, más difíciles de corromper»[201].

Ejemplos de esto sobran: «Lo que hoy llamamos el movimiento romántico comenzó cuando los señores Wordsworth y Coleridge (sobre todo este último) empezaron a conversar de modo interminable sobre sus visiones secretas. Tal vez podamos, sin exagerar, decir que también el comunismo, el movimiento de Oxford, el metodismo, el movimiento contra la esclavitud, la Reforma y el Renacimiento empezaron así»[202]. Aunque, como bien apunta Lewis, es bastante poco probable que alguien sienta simpatía por todos estos movimientos a la vez; no todo lo que nace de la amistad es bueno, pero el bien nacido de la amistad es más difícil de destruir. Por lo demás, ese aspecto ambivalente de la amistad es una característica no sólo de ella, sino de todo lo natural, ambivalencia que Lewis resume muy bien en una de sus cartas: todas las cosas naturales pueden ser «una preparación o incluso un medio para encontrar a Dios, pero también pueden ser una distracción o un impedimento. En ese sentido la música no es muy distinta de otras cosas como las relaciones interpersonales, los paisajes, la poesía, la filosofía. El mejor ejemplo es el vino, que puede ser usado sacramentalmente o para embriagarse, o bien para ninguna de las dos cosas. Creo que todas las cosas naturales que no sean en sí mismas pecaminosas pueden prestar un servicio a la vida espiritual, pero ninguna de ellas de modo automático. [...] De modo que la prueba de fuego para la música o para la religión o incluso para las visiones será siempre la misma: si nos hacen o no más obedientes, más centrados en Dios, más centrados

---

[201] Lewis, C. S., *Los cuatro amores*, Editorial Universitaria, Santiago, 1999, pp. 96-97.
[202] Ibid., p.83.

en el prójimo y menos centrados en nosotros mismos»[203]. Pero esta ambivalencia de todas las realidades naturales no las sitúa a todas en un mismo plano, sino que algunas son más aptas que otras para ofrecer resistencia al mal: en aquellas sociedades en que los gobernantes se esfuerzan por reemplazar la amistad entre las personas por «camaradería», «compañerismo», «fraternidad», etc., se pierde precisamente uno de esos focos de resistencia.

3. El círculo interior

Lewis era consciente de que no todas las formas de camaradería son positivas. Los antiguos ensalzaban la amistad como escuela de la virtud; pero naturalmente también puede ser escuela del vicio. La amistad tiene el carácter ambivalente de todas las cosas más profundamente humanas: que pueden ser el camino a lo más elevado y a lo más bajo. A mi juicio una de las mejores cosas que Lewis ha escrito en materia de ética, es un pequeño ensayo sobre una de las formas de camaradería humana, «el círculo interior». Con «el círculo interior» se refiere a algo que también podríamos describir como un grupo de «iniciados». Casi en todos los tipos de instituciones humanas, junto a la jerarquía oficial hay otra no oficial. «No se trata de una sociedad secreta organizada formalmente con reglas de las que se te informe una vez adentro. Ni jamás eres formal y explícitamente admitido por alguien. Pero descubres, gradualmente, de modos casi indefinibles, que eso existe y que estás en el lado de afuera; y tal vez más adelante, adentro. [...] No es fácil en un momento dado decir quiénes están afuera y quiénes dentro»[204]. Si después de unas semanas vuelves a tu regimiento o a tu fábrica, puedes ver que dicha jerarquía ha cambiado; algunos que estaban dentro ya no lo están. Algunos que creen seguir estando dentro, ya no lo están. No hay admisiones ni expulsiones explícitas. Y esto mismo puede servir de deleite para quienes están dentro. El círculo

---

[203] Hooper, Walter (ed.), *Letters of C. S. Lewis*, Collins, Londres, 1988, p. 455.
[204] Lewis, C. S., *The Weight of Glory and other Addresses*, Macmillan, Nueva York, 1965, p. 95.

interior son quienes tal vez no poseen oficialmente el poder, pero quienes en el fondo manejan una organización. «Les puedo asegurar —escribe Lewis— que en cualquier hospital, juzgado, diócesis, escuela, negocio o instituto al que uno llegue, encontrará círculos interiores»[205]. Estos círculos pueden operar de modo distinto, con diversos códigos, bajo distintos nombres, pero el fenómeno no es difícil de reconocer. Lo que tal vez no es tan fácil de reconocer —especialmente en uno mismo— es el constante deseo de pertenecer a dichos círculos, a los que aunque no tienen el poder oficialmente, manejan la situación; y el pánico a quedar fuera, a ser un mero miembro más de un grupo, sin ser parte de quienes desde las sombras lo dirigen. Pero según Lewis, ése es uno de los deseos que corren el riesgo de más fácilmente dirigir —consciente o inconscientemente— nuestras acciones: mucho más que un deseo sexual o un deseo de poder económico.

Pero la existencia de dichos círculos es inevitable, al menos por el hecho de que la gente más competente no siempre está en los cargos directivos de una institución. Por eso, gente que en teoría tiene un cargo más bajo en la jerarquía, puede ser mucho más importante que quienes ocupan los cargos más elevados. Es, pues, natural que la jerarquía oficial y la no oficial muchas veces no coincidan. Por lo demás, el surgimiento de amistades dentro del trabajo, también está lejos de ser algo negativo. «Pero el deseo que nos lleva a querer ser parte de dichos círculos es otra cosa. Algo puede ser moralmente neutro; pero el deseo que se sienta por ello puede ser peligroso»[206]. La existencia de círculos interiores puede ser algo moralmente neutro. Pero nuestro deseo por pertenecer a ellos, y la angustia que se puede sentir por quedar fuera de ellos, ciertamente puede ser más cuestionable. Este deseo y esta angustia, según Lewis, son uno de los principales factores que hacen que este mundo sea como lo conocemos: «una mezcla de disputas, competencia, confusión, corrupción, decepciones y propaganda»[207]. La posición de Lewis es, pues, que la existencia de tales círculos interiores

---

[205] Ibid., p. 96.
[206] Ibid., p. 99.
[207] Ibid., p. 101.

no es necesariamente negativa, pero que el deseo de pertenecer a ellos muy fácilmente puede llegar a serlo. «De todas las pasiones, la pasión por pertenecer al círculo interior es la que más hábilmente hace que un hombre no muy malo esté dispuesto a hacer cosas muy malas»[208]. Muy probablemente la primera vez no se tratará de quebrantar un principio evidente. «Se tratará de algo que técnicamente no está del todo de acuerdo con las reglas de un juego limpio; algo que el público, los ignorantes, el público romántico, nunca comprendería; algo que incluso la gente de nuestra propia profesión no entiende muy bien, pero que "nosotros" —e intentas no ruborizarte ante el placer que te causa escuchar este "nosotros"—, algo que "nosotros siempre hacemos"»[209].

¿Cómo romper con el círculo interior? Ciertamente la respuesta no es predicar contra su existencia. Ni hablando contra la existencia de autoridades y jerarquías en general. El camino de salida es más simple: trabajando de modo normal. ¿Qué quiere decir Lewis con esto? «Si en tus horas de trabajo conviertes el trabajo en tu verdadera meta, sin darte cuenta llegarás a formar parte del único círculo que dentro de tu trabajo verdaderamente importa: serás uno de los trabajadores serios, y los demás trabajadores serios lo sabrán. Este grupo de trabajadores serios no coincidirá con el "círculo interior", ni con la gente importante, ni con la gente famosa»[210]. Pero tiene la ventaja de no estar sometido a las continuas crisis y escándalos a los que están sometidos los círculos interiores. «Y si en tu tiempo libre te reúnes simplemente con la gente que te agrada, también sin darte cuenta estarás dentro de un "adentro". De hecho, estarás en la mitad de algo que visto desde afuera tendrá exactamente la misma apariencia que un "círculo interior". Pero la diferencia es que su carácter secreto será accidental, y su exclusividad será un subproducto; nadie llegó al grupo por eso, sino que simplemente se trata de cuatro o cinco personas que se alegran reuniéndose para hacer las mismas cosas. Eso es amistad»[211].

---

[208] Ibid., p. 103.
[209] Ibid., p. 102.
[210] Ibid., p. 104.
[211] Ibid., p. 105.

4. El amor, la fidelidad y el «derecho a ser felices»

Hemos hablado sobre la amistad como fundamento de la comunidad. A muchos les puede haber sonado extraño que expresiones como «fundamento», «base» o «núcleo de la sociedad» no las reservemos con exclusividad para la familia. Pero si bien hay un sentido en que sería correcto hacer eso —y aquí pasaremos eso por alto—, hay otros sentidos en que Lewis no busca atribuir un carácter tan especial al matrimonio. Por lo pronto podemos notar que aquello que considera necesario para mantener en pie un matrimonio es lo mismo que necesitamos para mantener en pie cualquier otro tipo de relación entre personas: lealtad, disciplina, entrega y fidelidad son características más importantes que las que la literatura más romántica podría imaginar como cualidades de buenos amantes. En la novela *Esa fuerza maligna* lo primero que encontramos es de hecho una reflexión de ese tipo sobre el matrimonio. La protagonista, Jane, recuerda haber prometido en su matrimonio religioso que estaba entrando a una sociedad para «ayuda mutua», y procede a comparar con lo que realmente es su matrimonio seis meses más tarde: no ve a su marido, pues éste trabaja hasta tarde —buscando ser parte del «círculo interior»—; ella misma se encierra a escribir una tesis doctoral sobre la «celebración del cuerpo», pero obsesionada con mantener su independencia también dentro del matrimonio. «Tengo que vivir mi vida. Evitar involucrarse y evitar interferencias con su vida había por mucho tiempo sido el primero de sus principios. Incluso al descubrir que se casaría con Mark si él se lo pidiera, lo primero en despertar en ella fue la idea de que "tengo que vivir mi vida". [...] Este temor a ser invadida y a involucrarse era el principal motor en su decisión de no tener un hijo —o al menos no por un largo tiempo»[212]. Estas palabras no deben ser leídas como una crítica a una mujer que no quiere «someterse»; lo que critica Lewis es el intento por mantener la independencia. Y ése no es un problema de las mujeres, ni tampoco es sólo un problema que se viva en el matrimonio, sino que es algo que Lewis muchas veces

---

[212] Lewis, C. S., *That Hideous Strength*, Simon & Schuster, Nueva York, 1996, pp 72-73.

nos muestra en *Sorprendido por la alegría* como su propio y principal vicio favorito: el no querer ser interrumpido por nada[213]. Dios era para él «el Gran Interruptor».

Si hay en Lewis una defensa del matrimonio, no es pues una defensa de rasgos específicos del mismo —aunque esos también existan—, sino ante todo una defensa de cualidades cuya ausencia también corroe otras instituciones humanas. Pero eso significa tomar distancia de quienes vinculan el matrimonio sobre todo con el enamoramiento como nota distintiva. No es falta de enamoramiento lo que tiene en problemas a Jane y Mark en la novela. En carta a un ex alumno Lewis se explica en los siguientes términos: «La tradición moderna es que la razón apropiada para casarse es el estado descrito como "estar enamorado". Ahora bien, no tengo nada que decir contra el "estar enamorado": pero la idea de que sea o deba ser la razón exclusiva, o que siquiera pueda ser una razón *adecuada* para casarse, me parece una ilusión. En primer lugar, muchas épocas, muchas culturas y muchos individuos no lo han experimentado —y el cristianismo es para todas las personas, no sólo para cristianos europeos de la época moderna. En segundo lugar, muchas veces el enamoramiento une a personas totalmente incompatibles. Tercero: ¿no es usualmente pasajero? ¿Acaso este énfasis moderno no lleva a las personas o al divorcio o a la miseria, porque cuando pasa dicho sentimiento creen que su matrimonio ha fracasado, aunque en realidad recién han alcanzado el punto en que el *verdadero* matrimonio comienza? Cuarto, sería lamentable, aunque fuera posible, que todo el mundo se pase la vida "enamorado". ¡Qué mundo sería si todos estuvieran perpetuamente en ese trance!»[214]. Puede parecer desconcertante que Lewis dedique tanta importancia a oponerse a esto, pero es algo en lo que insiste también en *Mero cristianismo*. Parte ahí por notar la desproporción existente entre la promesa matrimonial «hasta que la muerte nos separe» y el hecho de que no podemos prometer seguir «enamorados». Nadie puede prometer seguir sintiendo siempre de un mismo modo, pero sí podemos prometer seguir comportándonos de un determinado modo.

---

[213] Lewis, C. S., *Surprised by Joy*, Fontana Books, Londres, 1960, p. 139.
[214] Hooper, Walter (ed.), *Letters of C. S. Lewis*, Collins, Londres, 1988, p. 348.

Pero lo que eso revela es el modo en que Lewis ve la relación entre Eros y el matrimonio. Eros tiende por sí mismo a prometer y buscar la continuidad, la fidelidad; pero Eros no logra lo que promete. Como ha escrito Meilaender, no basta con que el apetito se transforme en amor dirigido a una persona, sino que también ese amor personal requiere de una transformación que lo vuelve fiel en el matrimonio. Pero con eso Eros no pierde su naturaleza, sino que precisamente cumple, más allá de sí mismo, su propia tendencia y su propia promesa. De este modo, Lewis no vería la prohibición del divorcio o del adulterio como normas aisladas, como imposiciones que le llegan al hombre desde fuera, sino que son las ayudas con las que Eros logra cumplir una promesa que espontáneamente hace, pero que es incapaz de cumplir por mera espontaneidad[215].

El último ensayo que Lewis alcanzó a escribir en su vida, publicado tras su muerte, se relaciona con esto y lleva el provocador título *No tenemos derecho a ser felices*. Ahí analiza una de las consecuencias de lo que puede ocurrir cuando nos basamos en dicha concepción romántica del amor: que una persona ya casada considere que se ha enamorado de otra persona y que no puede dejar pasar la oportunidad que se le presenta para alcanzar la felicidad. Una de las vecinas de Lewis defiende al hombre en cuestión: después de todo, dice, tiene derecho a ser feliz. Lewis responde preguntándose si realmente puede tener algún sentido hablar de un «derecho a la felicidad», ya que parece tan extraño como alegar «derecho a la buena suerte». Que tenemos derecho a *buscar* la felicidad, en cambio, parece indiscutible. La pregunta que hay que hacerse, es qué medios tenemos derecho a utilizar para buscarla. La respuesta más obvia es «todos los medios lícitos», es decir, todos los medios a los que tenemos derecho. Pero entonces ya se ve el carácter un tanto circular del argumento en torno al derecho a ser felices: a lo que tenemos derecho es simplemente a hacer aquellas cosas a las que tenemos derecho... Si

---

[215] Véase la clarificadora discusión en Meilaender, Gilbert, *The Taste for the Other. The Social and Ethical Thought of C. S. Lewis*, Eerdmans, Grand Rapids, 1998, pp. 140-159.

la expresión «derecho a ser felices» quiere significar algo más que esta obviedad, sólo podría significar una cosa: que en ciertos casos, para buscar cierto tipo de felicidad, en realidad tengamos derecho a hacer algo ilícito. En este caso concreto, que la búsqueda de la felicidad pueda justificar el adulterio. Y no es extraño que una sociedad que cifra toda la felicidad en el «enamoramiento» pueda llegar a justificar de ese modo el adulterio. Pero dicha sociedad debe tener claro cuál es el precio que debe pagar por ello. No sólo aumentan la mayor parte de los males sociales —desde la pobreza hasta el déficit en la educación de los hijos—, sino que «una sociedad que tolera el adulterio, a la larga siempre será una sociedad en la que pierden las mujeres. [...] Donde reine la promiscuidad, será más común que las mujeres sean las víctimas y no las culpables»[216]. Pero hay una razón más para oponerse a la defensa de este tipo de «derecho a ser felices»: «Hoy muchos defienden esta idea sólo en el campo del deseo sexual, pero me parece poco plausible que eso se detenga ahí. Una vez reconocido, este principio se aplicará a todas las áreas de la vida, conduciendo a una sociedad en que cada impulso de cada hombre reclame para sí el derecho a un juego libre —y entonces nuestra sociedad morirá de paro cardiaco»[217]. Si se sigue esta lógica habrá un «derecho a ser felices» que busca el enriquecimiento a toda costa, uno que busca el poder a toda costa, uno que busca el placer a toda costa. La respuesta en todos los casos es la misma: a lo que en realidad tenemos derecho es al uso de ciertos medios en el camino hacia la felicidad.

La conclusión de Lewis cae por su propio peso: «Cuando dos personas encuentran una prolongada felicidad juntos no es simplemente porque son buenos amantes, sino porque también —suena casi banal— son buenas personas: disciplinados, leales, bienintencionados, capaces de adaptarse el uno al otro»[218]. Por lo mismo, sería un error pensar en la posición de Lewis como una simple «defensa de la familia». Desde luego cree que la familia es

---

[216] Lewis, C. S., *God in the Dock. Essays on Theology and Ethics* en *The Collected Works of C. S. Lewis*, Inspirational Press, Nueva York, 1996, p. 519.
[217] Ibid.
[218] Ibid., p. 518.

algo que debe ser defendido. Pero no contra un mal que viene de afuera, no la familia buena contra el mundo malo, sino que «como cualquier realidad humana, requiere de redención. No redimida, sólo producirá tentaciones, corrupciones y miserias. La caridad empieza por casa; la falta de caridad también»[219].

---

[219] Ibid., p. 494.

Las formas del saber

1. Ciencia, cientificismo y ciencias sociales

«Felicítame, querido niño, dijo el tío Andrew frotando sus manos. Mi experimento ha funcionado, la pequeña niña se ha ido, ha desaparecido del mundo». Así empieza la desagradable conversación de Digory con su tío en *El mago y su sobrino*. El científico en cuestión es de esos que según propia confesión miran con desdén «a la gente común y corriente, ignorante»; es alguien que cree que hay ciertas normas, como que se debe mantener la palabra empeñada —pero que tales normas sólo se aplican a «niños, siervos, mujeres e incluso en general a toda la gente, pero ciertamente no a profundos estudiosos, grandes pensadores y sabios». Es la posición del que se sitúa fuera del *Tao*, en este caso para experimentar con los que están dentro del mismo: «yo soy el gran académico, el mago, el iniciado que está *haciendo* el experimento; por supuesto necesito alguien *en quien* hacerlo»[220].

Entre las cosas que un texto como éste busca transmitir se encuentra una evidente moraleja, enunciada por el propio Digory, quien ve que su tío «simplemente piensa que puede hacer cualquier cosa con tal de lograr cualquier cosa que quiera». Pero no se puede hacer cualquier cosa con las personas con tal de lograr el fin deseado. Después de todo, la situación aquí descrita es casi idéntica al sacrificio de Istra que discutimos al hablar sobre la ley natural y el cálculo de consecuencias. Pero hay una diferencia entre ambas historias: una está situada en el mundo antiguo y la otra

---
[220] Lewis, C. S., *The Magician's Nephew*, Collins, Londres, 2002, p. 27.

en el mundo moderno. Y la diferencia es importante por lo siguiente: si bien *Mientras no tengamos rostro* nos muestra que también en el mundo antiguo se podía pensar del modo que Lewis está criticando —pensar en sacrificar una hija para ganar una batalla— este pasaje de *El mago y su sobrino* nos sitúa ante el hecho de que tal tentación puede ser mucho más grande en el mundo moderno. No, desde luego, porque los modernos sean más malos, sino porque tienen una herramienta mucho más eficaz en sus manos: la ciencia moderna. Si sacrificamos a un par de personas, por ejemplo, haciendo con ellas arriesgada experimentación médica, ¿no lograremos un avance en la ciencia médica que permita salvar miles de vidas más adelante? Ese tipo de ideas nos resultan más tentadoras que a un antiguo, porque las posibilidades de éxito son de hecho mayores; no es extraño si así se hace un ídolo de la ciencia y un médico puede llegar a sentir que su responsabilidad primaria es respecto del avance de la ciencia —para así a la larga beneficiar a muchos— en lugar de ser una responsabilidad respecto de su paciente concreto.

Ya hemos dicho algunas cosas sobre los problemas morales de tal posición. Pero también hay que discutir en detalle lo que de ahí se desprende sobre el lugar de la ciencia en la vida humana. Después de todo, una lectura superficial de los textos de Lewis, puede generar la impresión de que su obra tiene una cierta tendencia anticientífica. ¿Es así? Nos podemos introducir en la respuesta desde otra obra literaria, pues en las *Cartas del diablo a su sobrino* hay un llamado a no usar la ciencia... pero no es el llamado de un personaje con el que Lewis se identifique, sino el llamado de un diablo a otro diablo: «No intentes utilizar la ciencia (quiero decir, las ciencias de verdad) como defensa contra el cristianismo, [afirma el diablo más experimentado] porque, con toda seguridad, le incitarán a pensar en realidades que no puede tocar ni ver. Se han dado casos lamentables entre los físicos modernos»[221]. El científico que encontramos en *El mago y su sobrino* desde luego no ejerce esas «ciencias de verdad», y es notorio que uno de los pocos personajes en resultar asesinado

---

[221] Lewis, C. S., *Cartas del diablo a su sobrino*, Editorial Andrés Bello, Santiago, 1996, p. 27.

en una obra de Lewis sea precisamente un científico: el verdadero científico, que busca desinteresadamente la verdad, es asesinado en *Esa fuerza maligna* por los pseudocientíficos que quieren utilizar la ciencia para manipular la vida humana.

En Lewis encontramos pues un aprecio razonablemente normal por las ciencias, pero de la mano de una preocupación muy despierta por el modo en que pueden ser usadas no tanto por parte de los científicos, sino producto de la divulgación científica. Las divulgaciones populares de la ciencia, de una vaga «cosmovisión científica», clasifican en la obra de Lewis tan bajo como suelen hacerlo los demás intentos de comunicación masiva. «De todos mis escritos el único que podría ser razonablemente acusado de ser un libelo contra el cientificismo es *Más allá del planeta silencioso*. Dicho libro ciertamente es un ataque, pero no a los científicos, sino a algo que podríamos llamar cientificismo —una cierta visión de mundo que casualmente se encuentra conectada con la popularización de las ciencias, y que es mucho menos común entre los verdaderos científicos que entre sus lectores»[222]. Como él mismo escribe, si alguien debiera sentirse ofendido por sus críticas, no será el científico, sino algunos políticos y filósofos[223]; lo que tiene en mente son pues filósofos y cientistas sociales que han ganado su popularidad por su aparente cercanía a la ciencia.

¿Pero qué formas toma dicho cientificismo? Hemos dicho que lo que le preocupaba no era alguna doctrina científica en particular que pudiera parecerle cuestionable, sino la extensión de algo así como una visión científica del mundo, en el sentido de que las ciencias naturales y sus métodos deban tener la última palabra en todo. Esto puede ocurrir de distintos modos. Una posibilidad es que por restricciones metodológicas se tenga, por ejemplo, por imposibles los milagros. Lewis de hecho escribió una larga obra titulada *Milagros*, sobre la posibilidad de que éstos existan. ¿De dónde podría provenir un desafío a tal posibilidad de milagros? Desde

---

[222] Lewis, C. S., *On Stories and other Essays on Literature*, Harcourt Brace, Nueva York, 1982, p. 71.
[223] Ibid., p. 73.

luego, no de un científico serio, sino sólo de un divulgador popular de la ciencia. Por razones muy simples: un científico sabe que su campo de investigación es la naturaleza, lo que ocurre y lo que puede ocurrir en ella, la manera de medirla, etc. Un verdadero científico sabe cuáles son los límites de su campo de investigación y, por ende, no puede afirmar que su conocimiento o dominio de la naturaleza demuestre que no puede haber fenómenos sobrenaturales: eso es lo que por definición se escapa a su campo de estudio.

En *Mero cristianismo* atiende a otra variedad del fenómeno. Al discutir ahí sobre el psicoanálisis, Lewis escribe sobre cómo con frecuencia se salta desde un par de datos científicos a la elaboración de una teoría general que intenta abarcar todos los fenómenos imaginables, dando lugar a lo que luego se hace llamar una «cosmovisión científica». Pero una «cosmovisión científica» es lo contrario de la ciencia. Porque las cosmovisiones, los intentos por explicarlo todo, son legítimos, pero jamás han sido el objeto de una ciencia particular; son, por el contrario, la tarea de la teología o la filosofía. Cuando un científico se lanza a hacer eso, lo que hace es filosofía; pero como no es su campo, muy probablemente el resultado será una filosofía de tercera categoría, pero ampliamente reconocida y difundida, por ser «científica». Así Lewis dirá que «hay que distinguir claramente entre dos cosas: las teorías médicas y técnicas del psicoanálisis, por una parte, y la visión de mundo que Freud y otros han añadido a esto. Este segundo elemento —la filosofía de Freud— está en directa oposición al cristianismo; y está también en directa oposición al otro gran psicólogo: Jung. Así, cuando habla sobre cómo curar una neurosis, habla como un especialista en su propio campo; pero cuando procede a hacer filosofía, habla como un principiante»[224].

Un tercer punto en el que el cientificismo ha hecho carrera es en la metodología. Al comienzo de su *Ética*, Aristóteles escribía que es propio de una persona educada buscar en cada disciplina sólo la precisión propia de ella. Los distintos objetos de estudio —los astros,

---
[224] Lewis, C. S., *Mere Christianity*, Collins, London, 1988, pp. 75-76.

los números, las personas, los animales— son de diversa estabilidad; algunos están mucho más sujetos a cambio que otros, algunos son más complejos que otros —y el hombre ciertamente es de los más complejos—, y así hay que aceptar que las diferentes ciencias tengan una precisión distinta. «Porque es propio del hombre instruido buscar la exactitud en cada materia en la medida en que la admite la naturaleza del asunto; evidentemente, tan absurdo sería aceptar que un matemático empleara la persuasión como exigir de un retórico demostraciones»[225]. Estas palabras de Aristóteles son citadas con aprobación por Lewis[226]. Pero la historia del conocimiento en la modernidad consiste en la sistemática violación de ese principio. Los culpables de dicha violación han sido algo así como admiradores de la ciencia, gente proveniente de las humanidades, que veía descorazonadamente cómo en los comienzos de la modernidad las ciencias naturales progresaban de modo rapidísimo mientras que disciplinas como la filosofía o el estudio de la política no mostraban el mismo progreso, sino que parecían un campo de batallas interminables e incomprensibles. Esta fascinación por los resultados de las ciencias naturales tuvo por consecuencia tres cambios en las restantes disciplinas: por una parte se llamó a adoptar el método de las ciencias naturales; por otra, se llamó a que, también a imitación de las ciencias naturales, las disciplinas que estudian al hombre no se contentaran con estudiarlo, sino con modificarlo; por último, las disciplinas humanas, como las otras ciencias, deberían ser «valóricamente neutrales». Así es como nacen las modernas «ciencias sociales». Naturalmente, no se trata de que un autor haya propuesto este cambio en todas las esferas y que luego todo el mundo le haya seguido. Se trata de tendencias, de cambios graduales, y que coexisten en parte con las humanidades clásicas.

Estas ciencias sociales en muchos casos han enriquecido nuestro conocimiento de la realidad. Pero la exclusividad del método científico como medio de aproximación a la realidad puede

---

[225] Aristóteles, *Ética a Nicómaco* 1094 b22.
[226] Lewis, C. S., *On Stories and other Essays on Literature*, Harcourt Brace, Nueva York, 1982, p. 76.

estrechar nuestra visión de la misma. El resultado, en sus ramificaciones más extremas, se puede describir con palabras de Platón: «Es como si alguien, puesto a criar a una bestia grande y fuerte, conociera sus impulsos y deseos, cómo debería acercársele y tocarla, cuándo y por qué se vuelve más feroz o más mansa, qué sonidos acostumbra a emitir en qué ocasiones y cuáles sonidos emitidos por otro, la tornan más mansa o salvaje; y tras aprender todas estas cosas durante largo tiempo en su compañía, diera a esto el nombre de "sabiduría", lo sistematizara como arte y se abocara a su enseñanza, sin saber verdaderamente nada de lo que en estas convicciones y apetitos es bello o feo o bueno o malo, o justo o injusto»[227]. Lo que nos describen estas palabras de Platón, cuyo espíritu Lewis podría suscribir de principio a fin, es un detallado conocimiento respecto del hombre, pero un conocimiento inconsciente de su propia ambivalencia, sin la menor idea de lo que es bueno o malo hacer con ese saber. Salvar los conocimientos específicos que nos prestan las ciencias sociales, pero sin caer en la situación descrita, es desde luego posible, pero no es posible si nos rendimos por completo a las formas modernas del saber.

2. La clasificación antigua del saber

Retrocedamos entonces por un momento en la historia, para ver en qué se distinguen las ciencias sociales modernas del saber antiguo. Sin duda uno de los cambios principales entre la disposición de espíritu de la antigüedad y la edad moderna es el cambio en la relación entre teoría y praxis: el objetivo fundamental de la empresa moderna es la *transformación del mundo*. Esa tarea pasó por una transformación de la naturaleza y de nosotros mismos en cuanto somos parte de ella. Ya hemos abordado parte de las consecuencias de esto en el capítulo referente a la abolición del hombre. Detengámonos por un momento en la visión de mundo anterior a la edad moderna, y su visión del saber, de la teoría y la praxis, para obtener una imagen más clara del contraste y para ver cómo ese mundo puede iluminar nuestra existencia actual.

---

[227] Platón, *República* 493a-c.

Ya hemos visto el énfasis de Aristóteles en la importancia de reconocer una certeza propia para el campo práctico. También puede ser útil detenernos en otros aspectos de su clasificación del saber. De acuerdo a su respectiva finalidad, clasifica las ciencias en tres grandes grupos: las ciencias teóricas, las prácticas y las productivas. Las ciencias teóricas son aquellas ciencias que tienen por finalidad principal el conocimiento de su objeto. Las prácticas son aquellas que tienen por finalidad una acción humana, cuyo resultado permanece dentro del hombre —un acto de justicia, por ejemplo. Las productivas, por último, son las ciencias que tienen por resultado un producto, una obra que es externa al hombre, como por ejemplo un edificio o una obra de arte. Para nosotros, como modernos, esta clasificación en tres géneros de ciencias nos resulta un tanto extraña, ya que estamos acostumbrados a la simple clasificación entre cosas teóricas y cosas prácticas. Sin embargo, la distinción entre lo práctico y lo productivo puede ser muy provechosa para comprender la naturaleza de la reflexión sobre lo político. La política, la ética, son ciencias prácticas. Su objetivo es conocer al hombre con vistas a guiar sus acciones. En ese sentido, su resultado es una suerte de «optimización» de su objeto: hacer mejor a una sociedad o a un hombre en concreto. Pero su objetivo no es la creación de un objeto nuevo: no se trata de crear un «hombre nuevo» ni un «superhombre». Las ciencias productivas tienen por finalidad algo totalmente distinto: la creación de algo nuevo, una obra externa. Esas cosas externas que producimos son usualmente medios, instrumentos. Así es como hemos creado automóviles, herramientas, casas que resisten mejor las inclemencias del clima. Todas estas cosas, que en cierto sentido hacen más humana la vida, conservan sin embargo siempre el carácter de medio, sin constituir un fin en sí mismas: la casa *para* protegernos. Para los antiguos todas estas ciencias tenían una jerarquía clara. Tanto la teoría como la praxis son en alguna medida un fin en sí mismo, y la producción sólo un medio, y así las ciencias teóricas eran las más nobles, seguidas de las prácticas, para terminar con las productivas.

Ahora bien, la transformación principal del mundo moderno no consiste simplemente en invertir la relación entre teoría y praxis, haciendo valer más la práctica que la teoría. Mucho más que eso, habría que decir que el conocimiento moderno es ante todo un conocimiento productivo. Las ciencias modernas de la naturaleza no son ante todo un conocimiento teórico, sino que se distinguen de las ciencias antiguas por la aparición de la técnica y el afán de dominar la naturaleza más que conocerla. Pero además estos artefactos que producimos y que, como hemos señalado, siempre tienen carácter de medio, han adquirido una suerte de vida propia, han dejado de ser mero medio, para convertirse en una especie de fin. Dos campos nos pueden servir de ejemplo para entender esto con claridad. En primer lugar, los medios de comunicación, cuyo propio nombre indica la naturaleza de medios que les debiera ser propia. Sin embargo, lo que crecientemente observamos es que los medios no informen sobre la realidad exterior, sino que giren sobre sí mismos: muchos programas de televisión pueden, por ejemplo, estar dedicados a informar no sobre algo distinto de ellos mismos, sino sobre la misma vida de la gente de la televisión. Los medios de comunicación se convierten así en un sistema que sólo hace referencia a sí mismo. No se trata, desde luego, de demonizar estos medios, sino simplemente indicar una de las tendencias peligrosas a las que se exponen, que les hace perder su propia naturaleza. Un segundo ejemplo de esta «autoreferencialidad» de los objetos producidos por el hombre lo podemos ver en muchos aspectos de nuestra vida económica, en la increíble capacidad que la sociedad de consumo tiene para satisfacer nuestras necesidades, pero precisamente mediante objetos que creen nuevas necesidades. Las obras del hombre han adquirido una especie de vida propia, y el campo de la producción ha quitado su espacio tanto a la acción como a la contemplación.

El hombre moderno se jacta de llevar una vida más «práctica», y no quedarse en la «mera» contemplación o teoría. Pero en rigor, así como su vida no es contemplativa, tampoco es práctica, sino eminentemente productiva. La conciencia que Lewis tiene al respecto se puede ver en que está lejos de alabar la ciencia moderna como si ésta consistiera en dejar atrás un pasado mágico. De hecho, llama la atención sobre el parentesco entre la magia y este tipo de ciencia moderna: ambas son técnicas cuya función principal no es conocer, sino modificar su objeto. Los científicos pervertidos que encontramos en sus obras literarias son ellos mismos practicantes de algún tipo de magia —como ya lo hemos visto en el caso del tío Andrew—, y también en sus ensayos Lewis hace presente que existe una conexión histórica de este tipo: lo mágico no es un aspecto muy común de la Edad Media, luego desplazado por la ciencia, sino que precisamente «son los siglos XVI y XVII la eclosión de lo mágico», los siglos del nacimiento de la ciencia moderna. No se trata, por supuesto, de que magia y ciencia moderna sean una misma cosa, sino que son, según Lewis, «hermanos gemelos». Su hermandad radica en lo que los separa de toda sabiduría anterior: no buscan mediante el conocimiento adaptar el alma a la realidad, sino mediante el conocimiento adaptar la realidad a los deseos del hombre[228].

Es crucial aquí considerar también el hecho de que la distinción entre las ciencias prácticas y las productivas ha desaparecido, de modo que el área de la praxis ha sido estudiada como si fuera un campo más de la producción humana. Así es como hoy nos fascina la idea de que el Estado no sea dirigido por «políticos tradicionales», sino por «técnicos». Y para los distintos campos de la vida política hemos desarrollado distintas versiones de «ingeniería social». Naturalmente, muchos de los resultados que provienen de esta tendencia pueden ser bienvenidos, y no tiene sentido criticarlos como si la civilización nos hubiese sacado de alguna bondad primigenia. Pero la tendencia misma a la tecnificación de lo político sí es cuestionable, en la medida en que muchas veces implica desconocer aquellos elementos que son característicos del hombre y que deben caracterizar por tanto a las ciencias que lo estudian. *El hombre no es una obra más entre las tantas obras del hombre*.

Que esto no pretende ser una consideración enemiga de la ciencia, sino que ella puede contribuir a una renovación de nuestra relación con el mundo, lo deja claro en repetidas ocasiones el propio Lewis. Así nos dice al final de *La abolición del hombre*: «La ciencia regenerada que tengo en mente no haría ni siquiera a los

---

[228] Lewis, C. S., *La abolición del hombre*, Encuentro, Madrid, 1990, p. 75.

minerales y vegetales lo que la ciencia moderna amenaza hacer con el hombre»[229]. Una ciencia realmente «moderna», tomando esta expresión en un buen sentido, es una ciencia que se ha dado cuenta, a través, entre otras cosas, de los problemas ecológicos, de sus límites. Se ha dado cuenta de que no puede manipularlo todo y seguir teniendo el control de las consecuencias. Será una ciencia que siga buscando utilidad, provecho, resultados prácticos, pero que ha aprendido a respetar la naturaleza, y que de ese modo ha comenzado a recuperar una actitud contemplativa. Porque tal vez uno de los primeros resultados de una actitud contemplativa ante la realidad es el reconocimiento de que no todo está ni debe estar en nuestras manos.

3. Artes liberales y educación

Al hablar de conocimientos no productivos estamos en gran medida hablando de lo que se suele clasificar como artes liberales. Y al preguntar por el lugar que deben ocupar esos conocimientos, podemos a la vez preguntar por la visión que Lewis tiene de la educación. Ahora bien, quienquiera que lea algún texto de Lewis sobre la educación se llevará como primera —y correcta— impresión el hecho de que propone una educación elitista. Pero él mismo, según siempre se apura a aclarar, es un demócrata. La tensión que parece haber entre esos dos elementos es algo sobre lo que se detiene en un artículo sobre «educación democrática». ¿Qué puede significar tal expresión? Lewis advierte que puede significar dos cosas muy distintas. Puede significar, por ejemplo, que deben ser abolidas aquellas asignaturas que le confieren ventajas a los alumnos disciplinados por sobre los flojos. Así, recuerda, es como fue abolido el latín. Es el espíritu según el cual «todo niño tiene que tener oportunidad de destacar en algo». Esto, concede Lewis, es un tipo de educación conforme a «sentimientos democráticos»; pero no cree que sea el tipo de educación que logre forjar una nación democrática que se mantenga en pie. Así cree, pues, que hay que tener una

---

[229] Lewis, C. S., *La abolición del hombre*, Editorial Andrés Bello, Santiago, 2000, p. 78.

educación que sea democrática en el sentido opuesto: que no satisface los sentimientos democráticos, pero que sí mantiene en pie la democracia. «Una educación verdaderamente democrática —una que preserve la democracia— sería despiadadamente aristocrática en su propio campo. Al diseñar el currículum siempre tendrá en mente los intereses del niño que quiere saber y que es capaz de saber. [...] En cierto sentido, subordinará los intereses de la mayoría a los intereses de unos pocos, y los intereses de la escuela a los de la universidad»[230]. ¿Va Lewis demasiado lejos en estas afirmaciones? Él, por el contrario, cree estar haciendo un favor a quienes no tienen interés por el estudio, pues su propuesta es simplemente dejarlos en paz, dejar jugar a los niños traviesos en lugar de obligarlos a ser intelectuales mediocres. «Existen decenas de trabajos (mucho mejor pagados que los intelectuales) en los cuales podrán ser felices y ser de provecho, y gozarán de una ventaja apreciable: sabrán que no son listos»[231].

Pero volvamos al vínculo entre la educación y la democracia. La democracia es una forma de gobierno que puede tener muchas virtudes, pero que en cierto sentido es más exigente que las otras formas de gobierno: no le basta la obediencia de los gobernados, sino que, dado que de algún modo los hace participar del gobierno, requiere de sus capacidades para funcionar. Esto se puede ver con claridad en uno de los actos más elementales de las democracias: las elecciones. Para que éstas funcionen, incluso para elegir al peor de los candidatos, requieren de un pueblo que no sea analfabeto. Si el pueblo es analfabeto, la democracia no es peligrosa: es imposible. Eso es una sola muestra, la más básica, de lo exigente que es la democracia. Pero hay más. Esta base cultural que tiene la democracia, tiende con facilidad a ser erosionada por ella misma. La propaganda política, en su afán por alcanzar a la mayoría, apela a los factores que del modo más rápido sean comunes a la mayor cantidad posible de personas; apela, por tanto, a lo más bajo. Pero así reduce nuestra capacidad de pensar, que es

---

[230] Lewis, C. S., *Present Concerns*, Harcourt, Nueva York, 1986, p. 34.
[231] Ibid., p. 35.

precisamente el fundamento que puede hacer viable una democracia. ¿Cómo frenar dicha tendencia de la democracia a erosionar su propio fundamento? En palabras de Strauss: «La educación liberal es la antítesis de la cultura de masas, de los efectos corrosivos de una cultura de masas. [...] La educación liberal es la escalera por la que intentamos subir desde la democracia de masas al sentido original de la democracia. Educación liberal es el esfuerzo necesario por fundar una aristocracia dentro de la sociedad democrática de masas»[232]. Debemos detenernos en los dos aspectos aquí mencionados: en la idea de que se esté formando una cierta aristocracia, y en la idea de que el camino para eso sean las artes liberales.

Durante gran parte de la historia de la humanidad, el núcleo de la educación ha estado en lo que se acostumbra llamar las «artes liberales». Liberales aquí quiere decir lo contrario de útiles: libres de la utilidad, libres de la necesidad. La medicina, a modo de contraste, la estudiamos no para hacernos más sabios, ni nada por el estilo, sino porque la necesitamos por causa de la salud. Hay artes, conocimientos, que *necesitamos*, y hay otros conocimientos que no se buscan por alguna utilidad externa, sino porque en sí mismos nos interesan: porque dan belleza a la vida humana, porque dan sabiduría, porque forman el espíritu. Nadie estudia, por ejemplo, música, por una mera utilidad. Ese tipo de conocimientos es lo que llamamos artes liberales. La historia ha conocido unas cuantas variaciones en la clasificación de las artes liberales; no nos interesa aquí repetirlas, sino sólo dar una idea general sobre ellas. Ahora bien, si las artes liberales son conocimientos en cierto sentido «inútiles», naturalmente se justifica la pregunta por su relevancia política. La respuesta, en parte al menos, es que con «inútiles», no se quiere decir «sin sentido», sino que se quiere indicar que no producen ningún resultado externo, no sirven para *otra* cosa, sino que en sí mismas tienen un valor, en sí mismas son valiosas como algo que forma el espíritu humano. Lo que hacen, por decirlo así, es formar caballeros.

---

[232] Strauss, Leo, *Liberalism Ancient and Modern*, Basic Books, Londres, 1968, p. 5.

Pero si las artes liberales forman caballeros, y esos caballeros forman una «aristocracia del espíritu», y si además la educación que quiere Lewis es claramente elitista, ¿no hay aquí un riesgo muy grande para la igualdad entre los hombres? En su juventud, antes de su conversión, Lewis hace afirmaciones bastante excesivas en ese sentido. Así escribe a un amigo que «la mayoría de las personas que uno se encuentra fuera de casa no tienen absolutamente nada que decir que pueda interesarnos a nosotros. El círculo de sus intereses es brutalmente práctico; sólo unos pocos pueden hablar acerca de las cosas verdaderamente importantes —literatura, ciencia, música— y arte. De hecho, esta mortal *practicidad* está tan grabada en mi mente, que estoy resuelto a escribir una obra en su contra una vez que termine mi Loki»[233]. Pero este modo de ver las cosas cambiaría. En la madurez de Lewis, con todo lo que hay en su obra de aprecio por el saber inútil, de gusto por la cultura misma, hay más de un momento en que se muestra atento a deformaciones de dicha tendencia, atento a quienes precisamente se escudan en la idea de la cultura como algo valioso en sí mismo, para así defender su desprecio por otros bienes humanos fundamentales. Así, elogiando a una gran escritora y amiga suya, Dorothy Sayers, escribe que ésta sabe qué gran cosa es el trabajo bien hecho, «pero que sin la gracia esto es una virtud peligrosa: no mucho mejor que esa "conciencia de artista" que cada mamarracho bohemio alega como justificación para descuidar a sus padres, abandonar a su esposa y engañar a quienes lo avalan»[234]. Lejos de producir el tipo de «aristocracia del espíritu» que buscan las artes liberales, ese tipo de exaltación de la cultura producirá un proletariado espiritual.

Pero tomado este resguardo, sigue siendo cierto que hay un tipo de saber en sí mismo valioso, que es formador de la vida humana. Los insectos buscan primero el bienestar material, la seguridad, pero «los hombres son diferentes. Proponen teoremas

---

[233] Hooper, Walter (ed.), *They Stand Together. The Letters of C. S. Lewis to Arthur Greeves (1914-1963)*, Macmillan, Nueva York, 1979, p. 56.
[234] Lewis, C. S., *On Stories and other Essays on Literature*, Harcourt Brace, Nueva York, 1982, pp. 92-93.

matemáticos en ciudades sitiadas, desarrollan argumentos metafísicos en celdas de condenados, hacen bromas al frente del verdugo, discuten el más reciente poema rumbo a las murallas de Québec y se peinan en las Termópilas. Esto no es un alarde. Es nuestra naturaleza»[235]. ¿Qué tipo de educación es la que con mayor probabilidad permite conservar ese tipo de rasgos específicamente humanos? En su afirmación más categórica sobre este tema Lewis escribe que «el mejor servicio que podemos hacer a la educación hoy es tener menos asignaturas»[236]. Nadie es capaz de hacer muchas cosas con excelencia, y si «forzamos a un niño a ser mediocre en una docena de materias, destruimos su medida», destruimos de por vida la posibilidad de que se mida a sí mismo con un criterio exigente[237]. Pero al escribir eso Lewis está pensando en dos cosas: por una parte en una formación académica exigente, en un tipo elevado de exigencia, que no concede a muchos el epíteto de «educados»; pero por otra parte, en un vínculo entre estas exigencias específicas y una amplia formación humana. Esto puede verse muy claramente cuando Lewis escribe sobre la enseñanza de la literatura inglesa. En una ocasión escribe que ve las facultades de inglés como el principal baluarte de resistencia de las humanidades[238]. Pero eso es así precisamente porque no está preocupado por la utilidad del inglés. Lo que tiene en mente como «verdadera meta de los estudios literarios» es que «el alumno se vuelva un "espectador" si no de todo, al menos de gran parte del "tiempo y la existencia"»[239]. Sólo así, escribe, somos sacados de la estrechez del presente.

Pero esto significa que lo que Lewis llama educación se adquiere simplemente *leyendo*. Desde luego, leer no es la única actividad que forma a las personas: hay que discutir las lecturas, hay que confrontarlas unas con otras, etc. Pero el acto básico es leer. La razón es muy simple, y podemos citar nuevamente a Strauss para

---

[235] Lewis, C. S., *The Weight of Glory and other addresses*, MacMillan, Nueva York, 1996, p. 43.
[236] Lewis, C. S., *Surprised by Joy*, Fontana Books, Londres, 1960, p. 92.
[237] Ibid., pp. 92-93.
[238] Lewis, C. S., *Present Concerns*, Harcourt, Nueva York, 1986, p. 30.
[239] Ibid., p. 29.

aclararlo: «Tal como la tierra necesita cultivo, la mente necesita profesores. Pero los buenos profesores no son tan fáciles de conseguir como los buenos agricultores. Los profesores mismos son alumnos y deben seguir siendo alumnos. Pero no puede haber una serie infinita: en alguna parte debe haber profesores que no sean a la vez alumnos. Esos profesores que no son a la vez alumnos, son las grandes mentes. [...] Esa clase de hombres es una especie muy escasa. Es muy improbable que encontremos a uno de ellos en una sala de clases. De hecho, es muy improbable que los encontremos en alguna parte. Incluso sería muy buena suerte si hay alguno vivo en la época en que le toca vivir a uno. Para propósitos prácticos, los alumnos, independientemente de nuestro nivel de avance, tenemos acceso a estos profesores que no son alumnos, a estas grandes mentes, sólo a través de los grandes libros. La educación liberal consistirá, pues, en estudiar con el cuidado apropiado los libros que nos han dejado las más grandes mentes»[240]. Salta a la vista que entonces la tarea de quien quiere adquirir este tipo de educación será enfrentarse sobre todo a libros antiguos. Ahora bien, es un prejuicio común el creer que los libros antiguos son sólo para el especialista, mientras que el lector corriente debería leer las mismas materias, pero ya digeridas por un autor contemporáneo. Esto es un error tanto desde el punto de vista formal, como de fondo. En primer lugar es un error formal, porque el autor antiguo no suele ser mucho más difícil que el actual. Particularmente quienes han llegado a ser considerados clásicos, esto les ha acontecido porque han escrito de una manera que puede ser entendible por todos los tiempos, todas las culturas. Es la «simpleza» clásica. De hecho, sin duda es más fácil leer el *Banquete* de Platón, o su *Apología de Sócrates*, que cualquier introducción contemporánea a Platón. Y es más fácil leer a san Agustín que a la mayoría de los teólogos contemporáneos. O a Shakespeare en lugar de la crítica literaria contemporánea. Y tanto Platón como Agustín y Shakespeare tienen más humor que sus comentadores contemporáneos. Pero más importante es el error de fondo. Cada época posee una visión de mundo que le permite ser muy capaz para conocer ciertas verdades, mientras que es muy

---

[240] Strauss, Leo, *Liberalism Ancient and Modern*, Basic Books, Londres, 1968, p. 3.

ciega para darse cuenta de determinados vicios. Cada época tiene su propio vicio y su propia virtud. Para eso necesitamos libros que sean un correctivo para los vicios propios de nuestra época, vicios comunes a todos nosotros. Eso sólo lo pueden hacer los libros antiguos. Un buen ejemplo es el siglo XIX. Tal como ya hemos comentado en otro capítulo muchos autores de dicho siglo, en las más variadas materias, son víctimas del mito del progreso. Creían que la humanidad progresaba en forma indefinida y que esto era una ley. A cualquier persona que ha conocido de los horrores del siglo XX esto le parece una ingenuidad, y se pregunta cómo pudieron realmente creer eso. Pues bien, lo mismo —variando el contenido— les va a ocurrir a los siglos siguientes cuando otros lo estudien. La única manera de protegerse de eso es leyendo libros antiguos. No porque antes no cometieran errores, sino porque cometían errores distintos. En ese sentido los libros del futuro también podrían ser un buen correctivo, pero por desgracia no están a nuestro alcance[241]. La recomendación de Lewis, al menos, es no leer más de tres libros contemporáneos sin leer entremedio uno antiguo. No suena a una exigencia demasiado grande. Y así se puede romper el mito de que estemos condenados a vivir en nuestro tiempo, como hombres de nuestro tiempo.

4. Crítica literaria y postmodernismo

Ya hemos hecho referencia al papel formativo de la literatura. De la literatura, no de la crítica literaria. Pero ésa era en realidad la profesión de C. S. Lewis. Es interesante detenerse por un momento en su papel de crítico literario y establecer algunos paralelos con teorías hoy corrientes. En efecto, la crítica literaria parece haber hoy excedido el campo estricto de la literatura: bajo el lema de que todo es lenguaje o que todo es texto, que todo es discurso u oculto juego de poder, es deconstruido no sólo el canon literario de Occidente, sino también su canon filosófico. Tal crítica literaria no

---

[241] Cfr. Lewis, C. S., «On the Reading of Old Books» en *First and Second Things*, Collins, Londres, 1985.

busca primariamente encantarnos con textos: el deleite de un texto nos llevaría a volvernos su esclavo, a no captar su subtexto ideológico. Eso nos cuentan. ¿Dónde se ubica Lewis en estas controversias? Puede parecer un anacronismo el enfrentarlo a este contexto postmoderno que no conoció. Pero en realidad, como gran parte de estas ideas tienen su origen en el campo de la crítica literaria, sí conoció el germen de las mismas. Esto resulta particularmente notorio en un ensayo de 1952 titulado *El universo vacío*. Ahí Lewis nos habla de autores que nos quieren hacer creer no sólo que hemos estado equivocados en todo lo que hemos creído, sino que «nos dan a entender que nuestro error ha sido de naturaleza lingüística. Que todas nuestras previas teologías, metafísicas y psicologías eran un subproducto de nuestra mala gramática»[242]. Lewis resume con una concisión admirable el proceso que lleva a este tipo de filosofía y muestra el nihilismo del que vive y que fomenta.

Al comienzo, nos dice, los hombres veían el universo lleno de voluntad, inteligencia, vida y cualidades positivas, y veían al hombre mismo como emparentado con los dioses. Pero «el progresivo avance del conocimiento de a poco va vaciando este genial y rico universo: primero es vaciado de dioses, luego de colores, olores, sonidos y gustos, finalmente de su mismísima solidez. [...] Y en la medida en que estos elementos son quitados del mundo, van siendo transferidos a la subjetividad: son clasificados como sensaciones, pensamientos, imágenes o emociones nuestras. El sujeto lo devora todo, es inflado a costa del objeto». Pero el proceso no se detiene ahí: tras describir este creciente subjetivismo moderno, Lewis pasa a hablar de la continuación de este proceso en la disolución misma de la idea de sujeto: «Por el mismo método que fue vaciado el mundo ahora somos vaciados nosotros. Los maestros del método se apuran en informarnos que estábamos tan equivocados —y por el mismo tipo de error— cuando atribuimos "alma", "yo" o "mente" a los organismos humanos que cuando atribuíamos espíritus a los árboles»[243]. Al describir el resultado de este proceso,

---

[242] Lewis, C. S., *Present Concerns*, Harcourt, Nueva York, 1986, p. 82.
[243] Ibid., p. 81.

Lewis se adelanta de modo sorprendente al nihilismo postmoderno: «El sujeto está tan vacío como el objeto. Esta casi nada que es el sujeto ha estado cometiendo errores lingüísticos sobre la otra casi nada que es el objeto. Y en suma, eso sería lo único significativo que ha ocurrido en la historia»[244]. ¿Pero qué tiene que ver esto con la crítica literaria? Pues no sólo que este tipo de ideas vienen en parte de un «giro lingüístico» de la filosofía contemporánea, sino también que la crítica literaria que nazca de este clima intelectual buscará ante todo «desenmascarar» la literatura. La función del crítico literario no será entusiasmarnos y prepararnos para ciertas obras, sino ocuparse de que estas obras no nos engañen, quitarnos la ingenuidad.

¿Cómo actúa Lewis ante esto? Alcanzó a conocer algo de crítica literaria de este tono. Y si bien se enfrenta a ella, su distancia respecto de este tipo de crítica literaria o respecto de algunas tendencias postmodernas no es total. Así, por ejemplo, si nos centramos en la idea postmoderna de la «muerte del autor», en la idea de que no tiene sentido preguntar por la intención de éste, sino sólo por el texto que tenemos ante nosotros, veremos que Lewis comparte algo de dicha tendencia. Tomaba en efecto distancia de quienes para entender la literatura se dedican a especular sobre las intenciones del autor. Pero el resultado que él busca no es una suerte de aislamiento del texto, sino que crea una «tensión creativa entre los papeles de autor, lector y texto»[245]. Dicha tensión consiste en afirmar que «es el autor el que tiene una intención, pero es el texto el que significa»; y dicho significado es el «conjunto de emociones, reflexiones y actitudes producidas por leerlo»[246]. Pero entonces lo esencial no es el «desenmascarar» un texto, sino el dejar que amplíe nuestro mundo. Esto es en efecto lo que Lewis más decididamente busca en la literatura, y el crítico literario es bueno en la medida en que ayuda en esa dirección, en que es un aliado de quienes sim-

---
[244] Ibid., p. 83.
[245] Martin, Thomas, «Literary Criticism» en *Reading the Classics with C. S. Lewis*, Baker Academic, Grand Rapids, 2000, p. 339.
[246] Lewis, C. S., *Of Other Worlds: Essays and Stories*, Geoffrey Bless, Londres, 1966, pp. 56-57.

plemente aman la lectura. «Cuando leo la gran literatura me convierto en mil personas diferentes sin dejar de ser yo mismo. Como el cielo nocturno en el poema griego veo con una miríada de ojos, pero sigo siendo yo el que ve. Aquí, como en el acto religioso, en el amor, en la acción moral y en el conocimiento, me trasciendo a mí mismo y en ninguna otra actividad logro ser tan yo mismo como aquí»[247]. Este tipo de lectura es un acto de resistencia contra el proceso de disolución del objeto y el sujeto al que hemos aludido antes.

---

[247] Lewis, C. S., *Crítica literaria. Un experimento*, Antoni Bosch, Barcelona, 1982, p. 110. Modifico levemente la traducción.

Miscelánea práctica: de la guerra a la cortesía

1. El «conservadurismo» de Lewis

Tal vez no sea buena publicidad, pero si queremos definir la posición política concreta de Lewis, habrá que decir, simplemente, o tal vez no tan simplemente, que era un conservador. Se lamenta, por ejemplo, de que por su avanzada edad ya ha visto con toda seguridad su último gobierno conservador[248]. Pero «conservador» es un término desafortunado. En muchos puntos hemos intentado caracterizar a Lewis como alguien que busca un término medio, y un término medio entre conservadurismo o progresismo, entre derecha e izquierda, parecería requerir que alguien se califique más bien como «de centro». Pero tampoco eso tiene sentido, pues hemos dicho buscar un término medio que sea a la vez extremo en dirección al bien. Y eso no es adecuadamente captado por ninguna de estas etiquetas, tampoco por la del centrismo. Por lo demás, el calificarse de conservador supone en realidad darle al progresismo más razón de lo que Lewis quisiera, pues ser conservador presupone que hay un rumbo de la historia en alguna dirección, pero que uno quisiera que se siga de modo más lento ese ritmo. Ahora bien, Lewis de ningún modo cree que la historia tenga en ese sentido rumbo alguno: ¿qué nos puede entonces importar la velocidad a la que se mueva la historia, si no sabemos hacia dónde es el movimiento?

---

[248] Lewis, C. S., *The Collected Letters of C. S. Lewis volume 3: Narnia, Cambridge, and Joy, 1950-1963*, HarperOne, Nueva York, 2007, p. 1482.

No daremos aquí con un término adecuado, sino que tendremos que conformarnos con la idea de que —con todo lo inadecuado que pueda ser el nombre—, Lewis votaba por un partido que se llamaba conservador. ¿Pero qué tan prototípico es Lewis como conservador? El año 1951 el entonces primer ministro inglés, Winston Churchill, decidió condecorarlo por el servicio que había prestado a través de sus obras literarias. Lewis declinó mediante la siguiente carta al secretario del ministro: «Me siento enormemente agradecido al primer ministro; y en lo que a mis sentimientos personales se refiere, este honor me sería altamente agradable. Pero siempre hay truhanes que dicen, y tontos que creen, que todos mis escritos religiosos son propaganda antiizquierdista encubierta; y mi aparición en la lista de honores desde luego los fortalecería en esa creencia. Por eso es mejor que no aparezca ahí. Estoy seguro de que el primer ministro comprenderá mis razones, y que mi gratitud es y será no por eso menos cordial»[249]. Esto desde luego significa que es un tipo de conservador muy especial, un conservador que en ocasiones prefiere sinceramente no aparecer con otros conservadores en el escenario, porque un bien más grande, el que persiguen sus escritos religiosos, está en juego. Era un conservador consciente de que en el mundo moderno los partidos políticos tienden a adoptar rasgos de religión, y que es importante en ese contexto mostrar que nuestra lealtad última no está con ninguno de ellos[250]. Y además era un conservador no en el sentido de oponerse a los cambios, sino en el sentido de desear que los cambios sean lentos: «Me opongo a cualquier cambio rápido en la sociedad (sea en la dirección que sea)». La razón que daba para tal oposición es algo que fácilmente podemos entender en él: cualquier cambio rápido tendrá que ser implementado por una cúpula de «expertos», figura por la que tiene un horror fundado. Era además un conservador en el sentido de oponerse al levantamiento de figuras populistas carismáticas. Deplora que quienes antes eran

---

[249] Hooper, Walter (ed.) *Letters of C. S. Lewis* Collins, Londres, 1988. pág. 414. También hay un comentario a esto en la "Memoir of C. S. Lewis", ibid., pág. 40.
[250] Lewis, C. S., *On Stories and other Essays on Literature*, Harcourt Brace, Nueva York, 1982, p. 79.

llamados *gobernantes* ahora sean llamados *líderes*, porque el trabajo de un político es cuidadosamente discernir lo que es correcto hacer, no crear nuevos «valores»[251]. Con eso en mente dirigiremos en este capítulo la mirada a lo que Lewis pensaba sobre algunas materias prácticas, precisamente materias en las que su generación vivía fuertes cambios, por lo que Lewis estaba obligado a intentar explicar los motivos de su propia cautela.

2. Castigar a los criminales y atacar a los hostiles: por qué Lewis no fue un pacifista

Podemos empezar por un punto muy sencillo: que Lewis no se escandaliza en momento alguno por el hecho de que tenga que existir, ante ciertos eventos, coerción, pero que sí se preocupa bastante por el modo en que fundamentemos la misma. A propósito de diversos debates públicos en torno a las penas impuestas a criminales, Lewis clasifica a los interlocutores y al público inglés en general, como adherentes a una u otra de dos teorías generales sobre la pena, a las que llama teoría retributiva y teoría humanitaria. Su intervención consiste en una defensa de la justicia retributiva, la teoría tradicional de la justicia y, de acuerdo a sus propias palabras, ello no tanto en beneficio de la sociedad como del criminal. Desde la perspectiva de los defensores de la teoría humanitaria, el castigar a alguien porque lo merece y todo lo que lo merece, parece ser un acto bárbaro de pura venganza. A los ojos del «humanitario», el castigar a alguien no se justifica por el hecho de la retribución, sino que la razón principal para castigar a alguien sólo puede ser la corrección del criminal. Esta idea suele estar combinada con la creencia en que todo crimen es en mayor o menor grado patológico, y el castigo se convierte de este modo en curación de la enfermedad.

El problema que advierte Lewis es que desde luego lo que se haga al criminal será lo mismo que se le hacía cuando a la curación

---

[251] Lewis, C. S., *Oxford History of English Literature in the Sixteenth Century Excluding Drama*, Clarendon Press, Oxford, 1954, p. 50.

se le llamaba castigo. Pero ahora que no hay justicia retributiva, ya no hay límite a lo que se haga con el criminal. No buscamos darle lo que se merece, sino curarlo. La tesis de Lewis es que el discurso «humanitario», a pesar de su carácter aparentemente misericordioso, conduce a que, una vez que cometemos un crimen, se desconozca nuestra calidad de seres humanos responsables para vernos sólo como pacientes. Cuánto preocupaba esto a Lewis puede verse en el hecho de que escribiera a T. S. Elliot, pidiendo que él también escribiera contra la teoría «humanitaria»[252]. Él mismo se explica en los siguientes términos: «La teoría humanitaria remueve del castigo el concepto de mérito. Pero el concepto de mérito, de merecimiento, es lo único que conecta el castigo y la justicia. Es sólo en cuanto merecida o inmerecida que una sentencia puede ser justa o injusta. No sugiero aquí que la pregunta "¿es merecida?" sea lo único que se puede preguntar sobre una sentencia. Se puede muy propiamente preguntar si acaso será un disuasivo para otros y si reformará al criminal. Pero ninguna de estas dos últimas preguntas es una pregunta sobre la justicia. No tiene sentido hablar de un "disuasivo justo" o una "cura justa". No le pedimos a un disuasivo que sea justo, sino que disuada. No pedimos a una cura que sea justa, sino que cure. De este modo, cuando dejamos de considerar lo que el criminal merece y sólo consideramos lo que lo curará y disuadirá a otros, lo hemos removido por completo de la esfera de la justicia; en lugar de una persona, un sujeto de derechos, ahora tenemos un mero objeto, un paciente, un "caso"»[253]. Esto desde luego no supone ningún prejuicio respecto de la calidad moral del humanitario, sino simplemente una advertencia sobre lo que puede ocurrir a causa de una fundamentación inadecuada de una actuación política o jurídica.

Con algo más de extensión aborda el problema del pacifismo, en un texto que revela con fuerza la diversidad de su capacidad argumentativa. El siglo XX vivió las guerras más crudas que la historia humana haya conocido. Ya no se trató simplemente de pueblos que

---

[252] Hooper, Walter (ed.), *Letters of C. S. Lewis*, Collins, Londres, 1988, pp. 503-504.
[253] Lewis, C. S., «The Humanitarian Theory of Punishment» en *First and Second Things*, Collins, Londres, 1985, pp. 97-98.

intentaran dominarse unos a otros, sino de grupos que intentaron exterminar a otros grupos. Tras ambas guerras mundiales hubo intentos por establecer algún tipo de poder supranacional que tendiera a eliminar la posibilidad de que se repitan tales conflictos. Nació así el sueño de que el fenómeno de la guerra desapareciera del todo. Lewis no se encuentra entre quienes comparten tal sueño. Pero tampoco tiene una visión romántica de la guerra. Habiendo estado en el campo de batalla durante la Primera Guerra Mundial, del cual salió herido tras perder a un gran amigo, desde luego Lewis sabía de qué se trata realmente. «Concuerdo contigo —le escribe a su hermano Warren el año 39, cuando comienza la Segunda Guerra Mundial— en que una de las peores características de esta guerra es el sentimiento espectral de que todo esto ya ocurrió una vez»[254]. No son palabras de un ingenuo; no son palabras del que por defender una concepción heroica de la existencia adorna la guerra con bondades que no posee. Y, sin embargo, Lewis estuvo toda su vida lejos del pacifismo. Así explica a un amigo el no haberse ofrecido como voluntario para participar en la Segunda Guerra Mundial: «En la guerra está incluida la amenaza de todos los males temporales: dolor y muerte, que es lo que tememos en la enfermedad; aislamiento respecto de quienes amamos, que es lo que tememos en el exilio; labor y jefes arbitrarios, injusticias y humillación, que es lo que tememos en la esclavitud; hambre, sed, frío y exposición, que es lo que tememos en la pobreza. Pero no soy un pacifista. Si tiene que ser, tiene que ser»[255]. A pesar de reconocer en la guerra uno de los grandes males de la vida humana, jamás pensó que fuera el mayor; y si no es el mayor mal, hay ocasiones en que puede ser preferible a otros males.

El mejor punto de apoyo para comprender la posición de Lewis es su conferencia «Por qué no soy un pacifista», pronunciada ante una sociedad pacifista de Inglaterra. Podemos comenzar por considerar lo que de acuerdo a Lewis son los métodos propios de una discusión sobre moral. En toda discusión sobre problemas de

---

[254] Hooper, Walter (ed.), *Letters of C. S. Lewis*, Collins, Londres, 1988, p. 326.
[255] Ibid., p. 320.

conciencia nos enfrentamos al menos a tres elementos: los hechos, la intuición de cosas evidentes (A = A, por ejemplo) y el raciocinio, por el cual podemos deducir verdades a partir de otras verdades ya conocidas. Dentro de lo que Lewis aquí está llamando «hechos», considera tanto los hechos mismos conocidos por la experiencia, como aquellos hechos de los que llegamos a saber a través de otros. Esto último, la autoridad que reconocemos a otros, es desde luego el camino por el que más cosas llegamos a saber. Y si bien a veces nos engañamos, si rechazáramos esta forma de conocer viviríamos pronto como salvajes. La mayor parte de los elementos de la discusión moral que hemos mencionado hasta aquí permiten que haya discusión, distintas posturas; todos, excepto la intuición de verdades evidentes: porque si alguien niega una verdad evidente, y dice que A = no A, entonces es un idiota, y no hay forma de convencerlo. No hay ahí lugar para el diálogo racional. Pero por fortuna esto no ocurre frecuentemente, y la existencia de los hechos, la autoridad y el raciocinio permiten que muchas veces modifiquemos nuestros juicios sobre lo bueno y lo malo, intentando adecuarlos más a la realidad.

De este modo, nuestra primera tarea es la de someter el pacifismo a la prueba de los hechos. Habrá fácilmente acuerdo entre las partes en torno al hecho de que la guerra es más que desagradable, pero no lo habrá en torno al «hecho» principal afirmado por el pacifismo, esto es, que las guerras siempre producen más mal que bien. ¿Cómo podríamos llegar a saber si esto es cierto? ¿Habría sido mejor la historia de Occidente si los romanos se hubiesen entregado a Aníbal? ¿O si en la Segunda Guerra Mundial nadie hubiese luchado contra Alemania? Lewis no sugiere ni lo uno ni lo otro. Lo que está claro, sostendrá, es que sobre ello sólo se puede especular, y difícilmente alguien podría afirmar como un hecho que la historia hubiera sido mejor con una rendición ante Aníbal o ante Alemania. El pacifismo no pasa la prueba de los hechos, porque no hay hecho alguno que presentar. Y si tiene sentido especular, se podría afirmar con bastante convicción que la historia nos ha permitido ver tanto guerras útiles como guerras inútiles.

Pasamos así a la cuestión del raciocinio. Aquí el pacifismo puede ofrecer dos argumentos: en primer lugar, que la guerra es el mayor de los males, y por eso debe ser evitada a toda costa, o bien que es al menos un mal tan grande como para que busquemos eliminarla mediante propaganda que aumente el número de pacifistas en cada nación. Al primer argumento Lewis responde en forma categórica: «Puede ser razonable afirmar que se puede tratar con un criminal sin llegar a la pena de muerte. Es un hecho cierto, en cambio, que una nación completa no puede ser detenida si no es mediante la guerra. Es un hecho casi igualmente cierto que la absorción de ciertas sociedades por otras es un gran mal. La doctrina de que la guerra es el mal mayor parece implicar una ética materialista, una creencia en que la muerte es el mayor de los males. Pero no lo creo así. Creo que la supresión de una religión elevada por una menor, o incluso la supresión de una cultura secular elevada por una más baja, es un mal mucho mayor. Ni me siento muy conmovido porque gran parte de los que caen en la guerra son inocentes. Eso parece, en cierto sentido, volver la guerra mejor y no peor. Todos los hombres mueren, y muchos en forma miserable. Que dos soldados, en distintos lados del frente, cada uno creyendo que su nación está en lo correcto, cada uno en el momento en que su egoísmo es menor y su disposición al sacrificio crece, se maten el uno al otro en el campo de batalla, está lejos de parecerme una de las cosas más terribles de este mundo terrible. Desde luego uno de los dos (al menos) debe estar equivocado. Y por supuesto la guerra es un gran mal. Pero eso no es lo que está en cuestión. Lo que está en cuestión es si la guerra es el mayor de los males, de modo que cualquier situación que resulte de la sumisión sea más favorable. Y no veo razón para imaginar que así sea»[256]. Así responde al primer argumento, según el cual la guerra sería el mayor de los males. Al segundo argumento, dirigido a la posibilidad de acabar con las guerras mediante la propaganda pacifista, argumento de tipo más político y calculador, Lewis responde de un modo también político y calculador. Está claro que sólo los regímenes políticos liberales permitirán el pacifismo. Una vez que en todos ellos haya triunfado el pacifismo, habremos entregado dichas naciones a las manos de sus vecinos totalitarios.

---

[256] Lewis, C. S., *The Weight of Glory*, Macmillan, Nueva York, 1965, p. 43.

¿No hay que hacer nada, entonces, por prevenir las guerras? Sí, desde luego, pero Lewis tiene clara la dimensión real de nuestra lucha contra el mal: «Creo que los mejores resultados son alcanzados por quienes trabajan por objetivos limitados, tales como la abolición de la esclavitud, una reforma carcelaria o industrial, o contra la tuberculosis, y no por quienes creen poder alcanzar justicia, salud y paz universal. Creo que el arte de vivir consiste en la capacidad de enfrentar cada mal inmediato de la mejor manera posible. Evitar o posponer una guerra en particular mediante una política sabia, o hacer más breve una determinada campaña por la fuerza o la virtud, o menos terrible mostrando misericordia hacia los vencidos y los civiles, es más sabio que cualquier propuesta de paz universal que jamás haya sido realizada»[257]. Siguiendo en ese mismo tono de soluciones concretas en lugar de propuestas universales de paz, Lewis hace una importante observación en una carta: la mayoría de nosotros no está en condiciones de afirmar si tal o cual guerra es justa, pero sí estamos en condiciones, si participamos de una de ellas, de saber qué tipo de trato a prisioneros o a civiles es digno o indigno. Un testimonio de firmeza en esos puntos, en los que tenemos capacidad de juicio, puede ser mucho más decisivo que el testimonio más bien infundado de un generalizado pacifismo: «Tengo la certeza de que un aviador cristiano fusilado por negarse a disparar contra civiles en territorio enemigo sería un mártir (en el sentido etimológico de la palabra) mucho más efectivo que cientos de cristianos encerrados en la cárcel por negarse a servir en la guerra»[258].

Visto ya a la luz de los hechos y del raciocinio, queda sólo la autoridad. En el caso de la autoridad humana, la cuestión se resuelve en forma categórica: «Si soy un pacifista, tengo a Arthur y Alfred, Elizabeth y Cromwell, Walpole y Burke, en mi contra. Tengo mi universidad, mi escuela y mis padres en mi contra. Tengo la literatura de mi país en mi contra, no pudiendo siquiera abrir mi *Beowulf*, mi Shakespeare, mi Johnson, mi Wordsworth, sin ser

---

[257] Ibid., pp. 44-45.
[258] Lewis, C. S., *God in the Dock. Essays on Theology and Ethics* en *The Collected Works of C. S. Lewis*, Inspirational Press, Nueva York, 1996, p. 523.

reprobado»²⁵⁹. Eso para Lewis en cuanto inglés. Si apelamos a la autoridad humana en general, el escenario no cambia en absoluto: «Para ser pacifista debo apartarme de Homero y Virgilio, de Platón y Aristóteles, de Zarathustra y el *Bhagavad-Gita*, de Cicerón y Montaigne, de Islandia y de Egipto»²⁶⁰. Claro está, reconoce Lewis, que en materia moral no alcanzamos una certeza matemática, y el pacifismo podría estar en lo cierto. Pero se fundamenta en pocos hechos, en un oscuro razonamiento, y contra lo que parece ser toda autoridad. Pero queda todavía la autoridad divina. ¿Qué hacer con las palabras de Cristo, como el llamado a poner la otra mejilla si somos golpeados? Lewis no escapa del pasaje viéndolo como una mera hipérbole. Por el contrario, cree que con absoluta seriedad se nos dice que se nos prohíbe decir «él me pegó primero» como razón para golpear de vuelta. En la medida en que he sido ofendido y quiero replicar, la voz del cristianismo es firme: no se nos da cuartel para satisfacer nuestro egoísmo a través de la venganza. Pero de ahí no se sigue que si un lunático intenta quitarme del camino para asesinar a otra persona, yo deba gentilmente hacerme a un lado para que él alcance a su víctima. Tales palabras de Cristo, cree Lewis, están referidas más a las fricciones entre ciudadanos en la vida diaria que a una situación de guerra. «No creo, dice Lewis, que alguien pueda suponer que las palabras de Cristo querían decir que la mejor manera de educar a un hijo sea dejar que golpee a sus padres cada vez que quiera»²⁶¹. Porque están dirigidas a controlar nuestro egoísmo, no a fomentarlo: pero cuando algún gobernante declara la guerra a un país hostil, cuando detenemos al lunático que busca a su víctima o cuando el padre detiene al hijo que intenta golpearlo (en lugar de poner la otra mejilla), puede ser (aunque no siempre lo sea) por motivos distintos al egoísmo.

---

²⁵⁹ Lewis, C. S., *The Weight of Glory*, Macmillan, Nueva York, 1965, pp. 45-46.
²⁶⁰ Ibidem.
²⁶¹ Ibid., p. 50.

3. La economía

No necesito decir que Lewis no defiende teoría económica alguna. Pero a pesar de eso puede haber tenido una actitud correcta ante la economía o un modo correcto de lidiar con las distintas explicaciones económicas de la realidad. Vivía en una época caracterizada por la oposición entre capitalismo y socialismo. Tal oposición sigue existiendo hoy, pero de un modo muy distinto: hoy se ha vuelto más universal la aceptación de una economía libre, pero también es más extendida la cantidad de economistas que dentro de ese marco reconocen un papel positivo a ser desempeñado por el Estado. ¿Cómo lidió Lewis con esta oposición cuando era más fuerte?

Lo primero que se puede decir es que no era entusiasta ante las consecuencias de una economía centralmente planificada. Es cierto que no dice nada sobre cuán exitosa podría ser en lo económico, pero sí está preocupado porque esclavizando nuestros bolsillos, haciéndonos dependientes del Estado, se llega también a esclavizar nuestras mentes: «Porque la independencia económica permite una educación no controlada por el Gobierno. [...] Leed a Montaigne, ésa es la voz de un hombre con los pies bajo su propia mesa, comiendo carneros y nabos cultivados por él mismo. ¿Quién va a hablar así cuando el Estado sea el profesor y el empleador de todos?»[262]. Ciertamente hay que recordar que no sólo el Estado nos puede hacer dependientes, esclavizarnos económica e intelectualmente; la propaganda comercial no estatal puede igualmente generar una sociedad de masas. Pero por lo pronto podemos aferrarnos a la idea de que hay una relación entre independencia económica e independencia intelectual. Precisamente ése es el centro de la preocupación de Lewis: la preocupación por nuestra libertad, no el apoyo a una concepción rígida sobre lo que habría que hacer para no violar ciertas «leyes» económicas. En *El regreso del peregrino* hay un pasaje que con toda su brevedad ilustra el desdén con el que Lewis mira un liberalismo económico así de ideologizado: «¿Me podría dar algo de pan?», pregunta el hambriento peregrino.

---

[262] Lewis, C. S., *Timeless at Heart*, Collins, Londres, 1987, p. 122.

«Ciertamente no —respondió Mammon—, sería contrario a todas las leyes de la economía. Sólo te empobrecería»[263]. Algo análogo vemos en un pasaje algo más extenso de *La travesía del explorador del amanecer*. El gobernador de la isla intenta defender la esclavitud diciendo que esto es algo «necesario, inevitable. Una parte esencial del desarrollo económico de las islas. Se lo aseguro. Nuestra actual prosperidad depende de esto»[264]. Reclama además tener «estadísticas, gráficos». Pero Caspian simplemente responde que esto se acaba, que hay cosas que no se puede hacer. Aquí por supuesto estamos ante un caso más de defensa de la ley natural contra teorías consecuencialistas: simplemente no importa que una posible consecuencia de abolir la esclavitud sea un retroceso de la economía. Sus pocas afirmaciones pueden pues ser sintetizadas si decimos que Lewis no habría deseado ver al Estado como principal empleador, que no creía en las bondades de una economía muy centralmente planificada, pero que tampoco creía que hubiera leyes rígidas que seguir en el sentido contrario. Y aunque no veía al Estado como principal empleador, sí creía en un papel positivo a ser desarrollado por el mismo. Así, en carta a una mujer norteamericana agobiada económicamente por sus problemas de salud, Lewis escribe que «lo que me dices me reconcilia con nuestro propio estado de bienestar en Inglaterra, contra el cual he dicho muchas cosas duras»[265].

Pero al preguntar por lo que alguien piensa sobre la economía, la pregunta tiene que ser planteada también a otro nivel: ¿qué tan determinantes creía Lewis que son los factores económicos en la vida humana? Si en el punto anterior lo veíamos adoptar una posición en cierto sentido intermedia, aquí actúa de modo mucho más decidido. Ya hemos visto, en sus críticas al «bulverismo», que Lewis rechaza los intentos por explicar las ideas de alguien como mera expresión de la situación económica del mismo, como si el ser de tal

---

[263] Lewis, C. S., *The Pilgrim's Regress. An Allegorical Apology for Christianity, Reason and Romanticism* en *The Collected Works of C. S. Lewis*, Inspirational Press, Nueva York, 1996, p. 38.
[264] Lewis, C. S., *The Voyage of the Dawn Treader*, Collins, Londres, 2002, p. 49.
[265] Lewis, C. S., *The Collected Letters of C. S. Lewis volume 3: Narnia, Cambridge, and Joy, 1950-1963*, HarperOne, Nueva York, 2007, p. 1064.

o cual clase social fuera el verdadero núcleo de la persona, y las ideas sólo un subproducto. Pero el motivo de su rechazo no es sólo de orden lógico, sino que se relaciona con su experiencia. En *Sorprendido por la alegría* cuenta sobre una de sus experiencias escolares, en que la escuela estaba estrictamente dividida según clases sociales en pugna. Pero el origen del problema no era económico. «El dinero no guardaba relación alguna con el sistema de clases de la escuela. [...] Y sin embargo, nunca he visto una comunidad tan competitiva, tan llena de esnobismo y servilismo, tan carente de solidaridad y de cualquier sentimiento de honor corporativo»[266]. En efecto, Lewis por supuesto reconocía que hay grandes males que provienen del amor al dinero, pero creía que el afán por ser del «círculo interior», el afán por no ser un *outsider*, era una causa más fuerte de trastornos sociales. «Si Mammon fuese el único demonio, escribe, la cosa sería distinta»[267].

Pero la discusión con el profesor Haldane lo obligó a explayarse algo más al respecto. Pues ahí se enfrentaba con alguien que decididamente creía que al tratar con el dinero de hecho estamos ante la causa principal del mal y que nada es más temible que una vida económica guiada por un caótico egoísmo. Al respecto, Lewis simplemente se declara escéptico. No se asombra de que Haldane lo tenga por equivocado, pero sí de que la cuestión le parezca tan clara y sencilla: «[Haldane] simplemente no puede creer que alguien tenga dudas respecto de la usura»[268]. Lewis sí alberga dudas. En ese sentido resulta representativo un texto del capítulo sobre «moral social» en *Mero cristianismo*, donde hace la siguiente afirmación: «Hay un consejo que nos han dado los antiguos paganos griegos, y los judíos del Antiguo Testamento, y los grandes maestros cristianos de la Edad Media, que los sistemas económicos modernos han desobedecido completamente. Todos estos grupos nos han dicho que no prestemos dinero cobrando intereses, y prestar dinero cobrando intereses es la base de todo nuestro sistema económico. Bien; es posible que de esto no se siga necesariamente que estamos

---

[266] Lewis, C. S., *Surprised by Joy*, Fontana Books, Londres, 1960, pp. 90-91.
[267] Lewis, C. S., *On Stories and other Essays on Literature*, Harcourt Brace, Nueva York, 1982, p. 74.
[268] Ibid., p. 76.

equivocados. Algunos dicen que cuando Moisés y Aristóteles y los cristianos acordaron prohibir el interés (o la "usura", como lo llamaban), no podían prever el mercado bursátil y sólo estaban pensando en el prestamista privado, y que, por lo tanto, no debemos preocuparnos por lo que dijeron. Esa es una cuestión sobre la que no puedo pronunciarme. No soy economista, y simplemente desconozco si el sistema de inversiones es responsable del estado en que nos encontramos o no. Aquí es donde necesitamos el economista cristiano. Pero no sería sincero si no dijera que tres grandes civilizaciones acordaron (o eso parece a primera vista) condenar la operación en la que hemos basado nuestra vida entera»[269]. Lewis compartía, sin duda, la preocupación por una desvinculación entre el trabajo y el salario, desvinculación que se puede producir por la usura tal como por los juegos de azar. De hecho, él mismo se cuidó de no recibir monto alguno de lo que le correspondía por las ventas de sus libros cuando llegó a ser un autor de fama.

Ahora bien, si leemos con atención las palabras recién citadas, veremos que no habla del sistema en que hemos basado nuestra existencia económica, sino de «la operación en la que hemos basado *nuestra vida entera*». Y eso ya es una afirmación más seria. Alguien nos podría decir que es un error, que lo que tenemos hoy es un sistema meramente económico, y que nos deja libertad en las demás esferas para hacer lo que queramos con nuestras vidas. ¿Es lícito decir que Lewis vio más claramente la realidad? Creo que sí, que sería un error desconocer que a las formas de vida económica las acompañan formas de vida en un sentido más general. Si Lewis tiene conciencia de eso, podemos resumir su posición diciendo que no cree en un determinismo económico de la vida humana, pero que al mismo tiempo nos advierte contra intentos por desviar nuestra mirada de la economía, como si ésta no modelara de modo alguno nuestras vidas. Las modela, y debemos preocuparnos por el modo en que lo hace, sea privando a algunos de bienes básicos o esclavizando bolsillos y mentes de otros.

---

[269] Lewis, C. S., *Mero cristianismo*, Rialp, Madrid, 1998, p. 100.

4. Igualdad y democracia

Pasemos a la cuestión de la igualdad. Lo más elocuente al respecto es *El diablo propone un brindis*, el relato en que Lewis trata sobre la inconveniencia de identificar igualdad y democracia. *El diablo propone un brindis* es un pequeño ensayo de ficción, en que un diablo experimentado ofrece un brindis a la Academia formadora de diablos. Lo que se celebra es que les estén llegando cada vez más condenados para devorar. Pero hay un disgusto generalizado entre los demonios a causa de la mediocridad de estos condenados: echan de menos el tiempo en que había grandes pecadores: «¡Un Enrique VIII, un Hitler!», exclaman en tono de queja, recordando el tiempo en que había verdaderos egoístas desenfrenados, un plato más crujiente. Hoy sólo les llegan mediocres que apenas son dignos de condenarse; aunque, por otra parte, Dios sí los considere dignos de salvarse. El diablo principal, Escrutopo, ofrece entonces una explicación de cómo se ha llegado a este estado de mediocridad. «¿Entienden cómo hemos conseguido reducir buena parte de la raza humana al nivel de los números? No ha sucedido accidentalmente. Ha sido una respuesta —¡una magnífica respuesta!— a uno de los más serios desafíos que hayamos tenido que afrontar jamás»[270]. Reducir la raza humana a nivel de meros números es, para el diablo más experimentado, un buen indicador; porque si bien es cierto que no hay grandes pecadores desenfrenadamente egoístas, también es cierto que tampoco hay grandes santos, es decir, no hay grandes hombres en absoluto. Así, Escrutopo aconseja a los demás demonios que disfruten sus platos, ya que, si bien son mediocres, esta mediocridad significa que se está frustrando la grandeza que Dios quería ver en los hombres.

De este modo, lo aconsejable para los demonios es seguir con sus tácticas actuales. Escrutopo les ordena que «la palabra con que deben tenerlos agarrados por las narices es *democracia*. El buen trabajo realizado ya por nuestros expertos filólogos en la corrupción del lenguaje humano hace innecesario advertirles que no

---

[270] Lewis, C. S., *El diablo propone un brindis y otros ensayos*, Rialp, Madrid, 1993, p. 39.

se les deberá permitir nunca dar a esta palabra un significado claro y definible. La verdad es que no lo harán. Nunca se les ocurrirá pensar que *democracia* es en realidad el nombre de un sistema político, incluso de un sistema de votación, cuya conexión con lo que están intentando venderles es muy remota. Tampoco se les deberá permitir nunca plantear la pregunta de Aristóteles acerca de si "el comportamiento democrático" significa el comportamiento que gusta a los demócratas o el que preserva la democracia, pues si lo hiciesen sería difícil evitar que se les ocurriese pensar que ambas cosas no coinciden necesariamente»[271]. «Deben utilizar la palabra puramente como un conjuro, o, si prefieren, exclusivamente por su poder de venta. Es un nombre que veneran, y está conectado, por supuesto, con el ideal político de que los hombres debieran ser tratados en forma igualitaria. Después deberán hacer una sigilosa transición en sus mentes desde este ideal político a la creencia efectiva de que todos los hombres *son* iguales, especialmente aquel del que se están ocupando. Pueden usar la palabra *democracia*, pues, para sancionar en su pensamiento el más vil (y también el menos deleitable) de todos los sentimientos humanos. No les será difícil conseguir que adopte, sin vergüenza y con una sensación agradable de autoaprobación, una conducta que sería ridiculizada universalmente si no estuviera protegida por la palabra mágica. El sentimiento al que me refiero es, naturalmente, aquel que induce a un hombre a decir *soy tan bueno como tú*»[272]. Andar pensando «soy tan bueno como tú», es considerado por Lewis como la gran enfermedad de la democracia, así como el servilismo puede ser la gran enfermedad de otros sistemas políticos. «El hombre que no puede concebir una obediencia alegre y leal por una parte, o una noble aceptación de dicha obediencia; el hombre que jamás ha querido agacharse o arrodillarse, es un bárbaro prosaico»[273]. Porque una vez que dejamos de reconocer en otros hombres mayor autoridad, nobleza, capacidad, etc., lo que ocurre no es que se instaure la efectiva y plena igualdad entre los hombres, sino simplemente que

---

[271] Ibid., p. 42.
[272] Ibid.
[273] Lewis, C. S., *Present Concerns*, Collins, Londres, 1986, p. 18.

buscamos ídolos más bajos: «Cuando los hombres dejan de honrar a un rey, comienzan a honrar a los millonarios, los atletas, las estrellas de cine o a famosas prostitutas y gánsteres»[274]. Desde luego no estaría de más modernizar un poco este ejemplo de Lewis. Pero lo que nos dice mantiene en el fondo plena actualidad para nosotros, dado que vivimos en una sociedad caracterizada precisamente por la falta de reverencia hacia todas las grandes instituciones, unida a una confianza ciega ante los consejos que un actor o un cantante pop nos puedan dar respecto de cómo ordenar nuestra vida. Es imposible vivir sin modelos. Si rechazamos los buenos modelos, el resultado no es la autonomía, no es que construyamos nuestra vida por nosotros mismos, sino que simplemente seguiremos los malos modelos.

¿Debemos entonces buscar un rey al cual honrar? Lewis no propone volver a un sistema con desigualdades externas, que nos haga distintos ante la ley. Pero para prevenir los riesgos que está señalando, insiste en que debemos recordar que nuestra igualdad sólo es externa, ante la ley. Pero en nuestro interior debemos aprender a reconocer la superioridad de otros. De este modo, afirma, «*vistamos* la igualdad, pero permítasenos desvestir cada noche»[275]. Y en otro momento escribe: «La igualdad para mí se encuentra en la misma condición que la ropa. Ambas son un resultado de la caída y un remedio para ella. Cualquier intento de retroceder los pasos que han llevado a la situación moderna de igualdad, reintroduciendo las antiguas autoridades en el orden político, es para mí tan absurdo como dejar de usar ropa. El nazi y el nudista cometen el mismo error. Sin embargo, lo que realmente vive no son nuestras ropas, sino el cuerpo desnudo que está bajo ellas. Lo que realmente vive es el mundo jerarquizado que se encuentra (muy apropiadamente) escondido tras la fachada de la igualdad de los ciudadanos»[276]. En este sentido específico Lewis

---

[274] Ibid., p. 20.
[275] Ibid.
[276] Lewis, C. S., *The Weight of Glory and other Addresses*, Macmillan, Nueva York, 1965, p. 114.

era un demócrata: alguien consciente de los prerrequisitos culturales y morales que requiere una democracia para funcionar. Porque «la democracia requiere pequeños hombres que no tomen a los grandes hombres demasiado en serio; pero muere cuando está llena de pequeños hombres que creen ser grandes»[277]. Así, lo que requiere es que no nos endiosemos a nosotros mismos, ni individual ni colectivamente. En carta a una mujer norteamericana Lewis escribe: «Me enferma la suposición moderna de que, a todo evento, "nosotros", el pueblo, nunca somos responsables: siempre son los gobernantes, nuestros ancestros, los padres, la educación o cualquiera excepto "nosotros"»[278].

Y eso nos lleva a una razón ulterior por la que Lewis se considera a sí mismo un demócrata. No porque todos seamos capaces de gobernar; no porque todos seamos iguales, sino por la razón exactamente contraria. «Soy un demócrata porque creo en la caída del hombre. Creo que la mayoría de la gente es demócrata por la razón opuesta. Buena parte del entusiasmo democrático desciende de las ideas de gente como Rousseau; gente que creía en la democracia porque pensaban que la humanidad es tan sabia y buena, que todos merecían un lugar en el gobierno. El peligro de defender la democracia en esos términos es que no es verdad. Y cada vez que se demuestra la debilidad humana, los que prefieren la tiranía sacarán provecho de ello. Y veo que esto de la bondad humana no es verdadero, sin mirar más lejos que a mí mismo. Yo no merezco participar del gobierno de un gallinero, menos del gobierno de una nación. Ni lo merece la mayoría de la gente —no lo merece la gente que cree en la propaganda, los que creen en eslóganes, ni los que difunden rumores. El verdadero argumento en favor de la democracia es el contrario. La humanidad está tan caída, que a ningún hombre se le puede confiar poder ilimitado sobre el resto»[279]. El mismo modo de pensar se podría aplicar a otras realidades. Aristóteles, por ejemplo,

---

[277] Ibid., p. 36.
[278] Lewis, C. S., *Letters to an American Lady*, Eerdmans, Grand Rapids, 1987, p. 15.
[279] Lewis, C. S., *Present Concerns*, Collins, Londres, 1986, p. 27.

pensaba que hay gente que naturalmente tiene la condición de esclavos. Aunque Aristóteles tuviera razón, dirá Lewis, hay que rechazar la esclavitud porque no hay ningún hombre tan a salvo de la caída como para ser un buen dueño de esclavos.

5. La cortesía

En un capítulo anterior ha aparecido la idea de una «aristocracia del espíritu», y ahora ha aparecido algo más de la mentalidad en cierto sentido jerárquica de Lewis. Es el punto indicado para recordar que una de las especialidades de Lewis, uno de los ámbitos en que más impresionante era su conocimiento, era la literatura del amor cortés, en la que nacen tanto un ideal de amor romántico como un ideal de caballero. ¿Hay algo de vigente en este ideal, aparte de la grandeza de algunas obras literarias? Lewis claramente tiene que haber pensado que sí. Recordaba con especial afecto a uno de sus profesores «cuyos modales eran perfectos: nada de trato familiar, nada de hostilidad, nada de humor repetido, sólo respeto mutuo y decoro. [...] Y así, aunque no nos hubiese enseñado nada más, estar con él era salir ennoblecido»[280]. De modo similar elogiaba a su amigo Arthur Greeves como alguien que «no despreciaba nada», que tenía una actitud general de reverencia ante lo real. ¿Pero por qué puede ser políticamente relevante cultivar ese tipo de nobleza?

En la sección anterior hablamos sobre la importancia de «vestir la igualdad» pero aprender a desvestirnos cada noche. Pero en el llamado a la cortesía hay una advertencia contra un desvestir equivocado. Lewis tiene en mente, por ejemplo, a quienes celebran la vida doméstica como un lugar «en el que podemos dejar de lado los disfraces y finalmente ser nosotros mismos», con lo cual quieren decir que ahí, en casa, se sienten a sus anchas para dejar de lado la cortesía que aceptan como carga durante el resto del día: «Valoran la casa como un lugar en el que pueden ser "ellos mismos", en el sentido de que ahí pueden pisotear todos los límites que la humanidad

---

[280] Lewis, C. S., *Surprised by Joy*, Fontana Books, Londres, 1960, p. 92.

civilizada ha considerado indispensables para una convivencia social tolerable»[281]. El llamado a la cortesía, a una vida civilizada que nunca queramos desvestir, se aplica pues a todos los campos de nuestra vida. Enfatizarlo es un modo de reconocer la fragilidad de la civilización, su carácter más bien excepcional en la historia humana: es reconocer que en muchos sentidos podemos haber alcanzado mayor libertad e igualdad, pero que caminamos sobre una frágil capa de hielo y es fatal olvidarlo.

En un breve ensayo sobre *La necesidad de caballeros*, Lewis se explaya sobre los motivos por los que esto es actual. Nos lleva en primer lugar a uno de los textos clásicos del ideal, la *Morte Darthur* de Malory, y las palabras dirigidas a Lancelot, que lo elogian como el más manso hombre en jamás haber comido junto a las mujeres en los salones y el más severo hombre en el campo de batalla. Lewis comenta de un modo que nos vuelve a recordar su distancia respecto del Sr. Sensato: «El caballero no es un compromiso a medias entre ferocidad y mansedumbre, sino que es fiero y manso en grado sumo»[282]. ¿Qué ocurre si una sociedad no es capaz de educar personas conforme a este ideal? Lewis cree que la sociedad quedará dividida entre quienes son capaces sólo de ser gentiles en los salones, y otros que sabrán sólo ser bestiales en la guerra: «Bárbaros bajan de las montañas y destruyen la civilización. Luego se civilizan y se ablandan ellos mismos. Entonces baja otra horda de bárbaros y los aniquila a ellos»[283]. Esta sintetizada historia de Oriente, cree Lewis, será el modelo a pequeña escala de las sociedades que no logren tener un ideal de caballero. «Este ideal representa la única huida de un mundo dividido entre lobos que no entienden nada y ovejas que no saben defender las cosas que hacen deseable esta vida»[284]. Con ese ideal en mente ya es hora de abordar nuestro capítulo final, para ver cómo desplegar estas ideas en el mundo.

---

[281] Lewis, C. S., *God in the Dock. Essays on Theology and Ethics* en *The Collected Works of C. S. Lewis*, Inspirational Press, Nueva York, 1996, p. 494.
[282] Lewis, C. S., *Present Concerns*, Harcourt, Nueva York, 1986, p. 13.
[283] Ibid., p. 15.
[284] Ibid., p. 16.

Contra el encierro: ni en el yo ni en la iglesia

1. El orgullo humano y el amor ordenado

«Sólo quiero lo que me merezco, mis derechos. No estoy solicitando la condenada caridad de nadie». Esta frase, escrita por Lewis en *El gran divorcio*, es dicha en la puerta del cielo por un personaje al que se le está ofreciendo entrar gratuitamente a él. Insistiendo en ese tipo de argumentos —que él había sido un buen hombre y que tenía el derecho a entrar al cielo, que no necesitaba que se lo regalaran—, se encierra tanto en sí mismo que acaba por quedar excluido. Así es como Lewis entiende la condición psicológica de quien está en el infierno: es el que está totalmente encerrado en el propio yo, de un modo tal que ni Dios ni nadie puede entrar. Casi todas las grandes conversaciones que encontramos en dicha novela intentan ilustrar esto de algún modo: Dios ofrece el perdón, pero el hombre intenta mostrar de algún modo que él solo se basta, excluyéndose así del mismo. En *La última batalla* encontramos otro de los muchos pasajes en que Lewis intenta transmitir esta idea. Un grupo de enanos se encuentra en este tipo de encierro, y Lucía pide a Aslan que los ayude. Pero Aslan le responde mostrando por qué no puede ayudarlos. Para esto regala a los enanos un banquete, pero éstos responden devorando todo de modo egoísta, con sospechas porque otro puede haber recibido más que ellos, peleando de un modo tal que acaban arruinando toda la comida. «No dejarán que los ayudemos —sentencia Aslan—, han elegido la astucia en lugar de la fe. La prisión existe sólo en sus mentes y, sin embargo, están verdaderamente encerrados en ella»[285].

---

[285] Lewis, C. S., *The Last Battle*, Collins, Londres, 2002, p. 140.

¿En qué consiste ese encierro en el propio yo? En *Mero cristianismo* el orgullo es presentado como el gran pecado. No se trata de una originalidad de Lewis. Todos los grandes maestros cristianos han puesto en el orgullo, en la soberbia, el gran pecado. Tan evidente es la fuerza del orgullo, que para abandonar otros vicios, a veces recurrimos a éste. Lewis llama la atención sobre cómo a los niños se les hace abandonar otros vicios porque no son «dignos» de ellos. Pero eso desde luego es una trampa que sólo nos hace caer en algo peor, porque el orgullo no es un vicio «carnal», sino puramente espiritual, y por eso afecta más directamente el centro mismo del hombre. «El demonio se ríe. Le importa muy poco ver cómo os hacéis castos y valientes y dueños de vuestros impulsos siempre que, en todo momento, él esté infligiendo en vosotros la dictadura del orgullo... del mismo modo que no le importaría que se os curasen los sabañones si se le permitiera a cambio infligirnos un cáncer. Porque el orgullo es un cáncer espiritual, devora la posibilidad misma del amor, de la satisfacción o incluso del sentido común»[286]. Pero al decir esto, hay que precisar que el orgullo es raíz del mal en un doble sentido.

En primer lugar, es nuestra negación fundamental de dependencia respecto de Dios. La negación de nuestra dependencia de Dios, el deseo al que tienta la serpiente, «y seréis como dioses», el orgullo que lleva al mismo Lucifer a caer, ése es el orgullo mortífero. «La falta de castidad, la ira, la codicia, la ebriedad y cosas tales son meros pecadillos en comparación. Fue a través del orgullo como el demonio se convirtió en demonio; el orgullo conduce a todos los demás vicios, es el estado mental completamente anti-Dios»[287]. Pero en segundo lugar, el estado espiritual «anti-Dios» es también antisocial: además de ser la más radical negación de la dependencia respecto de Dios, es la negación de nuestra dependencia respecto de otros, es el vicio antisocial por excelencia. Es el único vicio que ni siquiera permite la «solidaridad en el mal», sino que encierra absolutamente a cada hombre en sí mismo: «Es el orgullo el mayor causante de desgracia en todos los países y en todas las familias desde el princi-

---

[286] Lewis, C. S., *Mero cristianismo*, Rialp, Madrid, 1998, p. 138.
[287] Ibid., p. 135.

pio del mundo. Otros vicios pueden a veces acercar a las personas: es posible encontrar camaradería y buen talante entre borrachos o entre personas que no son castas. Pero el orgullo siempre significa enemistad: es la enemistad. Y no sólo la enemistad entre hombre y hombre, sino también la enemistad entre el hombre y Dios»[288].

Tenemos, pues, que preguntarnos qué hacer para salir de nosotros mismos. Lewis se explaya en muchos lugares al respecto. Del siguiente modo, por ejemplo, cuando una persona escribe preguntándole qué piensa sobre la masturbación: «Para mí el problema es que así un apetito diseñado para sacarnos de nosotros mismos, para completar y corregir nuestra personalidad con la de otro (y finalmente en niños y nietos), es vuelto sobre nosotros mismos: nos arroja de regreso a la prisión del yo, donde tenemos un harem de mujeres imaginarias. Y si damos cabida a este harem, éste se encargará de que jamás lleguemos a unirnos con una mujer real. Porque el harem siempre es accesible, siempre es sometido, no pide sacrificios ni ajustes, y puede ser dotado de atracciones eróticas y psicológicas con las que ninguna mujer puede competir. Entre estas mujeres de ensueño el hombre siempre es adorado, siempre es el amante perfecto: no se le pide que sea desinteresado, no se impone mortificación alguna a su vanidad. A la larga esto se vuelve el medio por el que se adora a sí mismo»[289]. Podemos leer esta carta como una crítica más general a quienes viven en cualquier tipo de sueño, incapaces de autolimitación alguna. Lo que Lewis diagnostica es que precisamente ese crecimiento del propio yo impide que salgamos del mismo para enriquecerlo con otros. Y en esa misma carta añade que «salir de nosotros mismos es la tarea principal de la vida»[290].

¿Pero qué hay de otros tipos de salida? Aunque desde luego la lectura no es la receta suprema para dejar el orgullo, un libro ya puede ser algo que nos saca de nosotros mismos. Pues una de las

---

[288] Ibid., p. 136.
[289] Lewis, C. S., *The Collected Letters of C. S. Lewis volume 3: Narnia, Cambridge, and Joy, 1950-1963*, HarperOne, Nueva York, 2007, p. 758.
[290] Ibid., p. 759.

razones por la que muchas personas no sienten interés por nada que no sean ellos mismos es la complacencia en que se encuentran. El círculo de amigos, las convenciones de su círculo social, etc., los limitan a un espacio estrecho, sin horizontes lejanos y sin dudas. La buena literatura tiene la virtud de llenar al hombre de interrogantes, de abrirlo a horizontes distintos de los que conoce. «No hay horizontes distantes, no hay misterios. El hombre cree que todo ya está resuelto. En cambio, una persona más cultivada se ve casi obligada a reconocer que la realidad es bastante excéntrica, y que la verdad última, sea cuál sea, tiene que tener algunas características de la extrañeza —tiene que ser algo que parecería remoto y fantástico al más inculto. Y de este modo ya se ha removido algún obstáculo para la fe»[291]. Pero la cultura es un bien ambivalente. Lewis mismo tuvo la experiencia de haber sido un ateo muy culto. Conoció así el peligro de sobrevalorar la cultura. En una edad temprana, hasta antes de su conversión, siempre imaginó que el mundo de la alta cultura era equivalente a la perfección espiritual del hombre. En su ensayo «Cristianismo y cultura», insiste firmemente en el hecho de que si la cultura va a ser defendida desde una perspectiva cristiana, tendrá que ser en términos mucho más humildes de los que había adoptado él en su juventud. Así, en uno de sus sermones dice que rechaza de plano «una idea que habita en la mente de algunas personas modernas, esto es, que las actividades culturales sean por sí mismas algo espiritual y meritorio —como si los académicos y los poetas fuesen intrínsecamente más agradables a Dios que un carroñero o un lustrabotas»[292]. Con todo, tomado ese resguardo, una genuina experiencia literaria, tal como la fomenta Lewis, es una salida. De hecho nos habla no sólo de la experiencia literaria, sino de toda experiencia artística en los siguientes términos: «Lo primero que exige cualquier obra de arte es una entrega. Mirar. Escuchar. Recibir. Apartarse uno mismo del camino»[293]. Para ilustrar esta diferencia Lewis nos habla de dos tipos distintos

---

[291] Lewis, C. S., *Christian Reflections*, Geoffrey Bles, Londres, 1967, p. 23.
[292] Lewis, C. S., *The Weight of Glory and other Addresses*, Macmillan, Nueva York, 1965, pp. 46-47.
[293] Lewis, C. S., *Crítica literaria: un experimento*, Antoni Bosch Editor, 1982, p. 16.

de lector, uno que *usa* el libro, otro que lo *recibe*. Bajo la palabra uso aquí no hay que entender necesariamente una manipulación maliciosa, sino también el uso, por ejemplo, para la sola distracción. El verdadero lector está haciendo algo más que eso, se está abriendo a algo significativo fuera de él. Pero tampoco ese recibir es mera pasividad. «También él está entregado a una actividad imaginativa, pero se trata de una actividad obediente»[294].

Tras el mundo de la cultura podemos dirigir nuestra mirada al resto de la vida en sociedad. Cualquiera que examine en forma seria su propia existencia, se da cuenta de su dependencia respecto de los demás hombres. Y no se trata del descubrimiento de algo negativo. Ya la misma existencia la debemos a un tipo de comunidad, la comunidad entre hombre y mujer, y así ocurre con todos los grandes bienes de nuestra vida. Muchas veces, sin embargo, somos ciegos a esto, buscando ante todo mostrar que podemos valernos por nosotros mismos, que somos autónomos. Es en las crisis cuando descubrimos que esto no es así. En carta a una mujer angustiada por problemas laborales, Lewis escribe que «nunca hemos sido "independientes". Siempre, de algún modo u otro, hemos vivido de otros: económica, intelectual, espiritualmente. [...] La pobreza *revela* la inevitable dependencia que todo el tiempo ha sido nuestra condición verdadera. Somos miembros unos de otros, sea que queramos reconocerlo o no»[295]. Pero nuestra salida respecto del yo es muy parcial si sólo se limita a este reconocimiento de la dependencia. Pues eso nos mantiene en el campo de la necesidad, sin dar el paso decisivo hacia la libertad. Y es por eso que hemos dado antes un importante lugar a la amistad: en ella estamos ante un vínculo humano fundamental, ante la búsqueda en común del bien, pero al mismo tiempo ante algo que no puede ser explicado como simple vínculo de dependencia. Como el mismo Lewis reconoce, en estricto rigor no necesitamos de amigos. Pero por lo mismo necesitamos de la amistad para entender la política como algo que nos sitúa más allá de la preocupación por lo necesario.

---

[294] Ibid., p. 17.
[295] Lewis, C. S., *Letters to an American Lady*, Eerdmans, Grand Rapids, 1987, pp. 111-112.

Llegados a ese punto ya hemos en alguna medida salido del encierro. ¿Es eso lo que necesitamos para salvar nuestras sociedades? Ante la pregunta sobre cómo salvamos la cultura occidental, la respuesta de Lewis en realidad es bastante simple: no preocupándonos en primer lugar de salvar la cultura occidental. Es una regla que vale en muchos órdenes de la vida: Homero y Shakespeare no llegaron a ser los más grandes poetas de la historia humana buscando ser los más grandes poetas de la historia humana; lo lograron poniendo su arte a disposición de cosas más elevadas que el arte: cantando a los héroes o al amor. Si se hubiesen concentrado en ser meramente buenos poetas, seguramente no lo habrían sido, porque los amores desordenados —como este amor por ser buen poeta— destruyen al mismo amor. Es una idea que Lewis desarrolla bastante en su obra *Los cuatro amores*: «El amor deja de ser un demonio solamente cuando deja de ser un Dios». Si amamos nuestra sociedad y verdaderamente queremos hacerle un bien, lo primero es no amarla sobre todas las cosas. «La mujer que hace del cuidado de su perro el centro de su vida pierde al final no sólo su utilidad y dignidad humana, sino incluso el gusto por cuidar perros. [...] Cada vez que preferimos un bien de segundo orden por sobre uno mayor, o un bien parcial por un bien total, perdemos también el bien menor o parcial por el cual habíamos hecho el sacrificio»[296]. Todas estas reflexiones de Lewis por supuesto no son nada más que una aplicación a la esfera de la política de las tradicionales enseñanzas agustinianas sobre el amor ordenado; pero ahí se ve cuán fructíferas son dichas enseñanzas: «Es imposible, en este contexto, dejar de preguntarnos qué es lo que nuestra civilización ha estado poniendo en primer lugar durante los últimos treinta años. Y la respuesta es simple. Se ha estado poniendo primero a sí misma. Preservar la civilización ha sido su gran fin; el colapso de la civilización, su gran fantasma. La paz, un estándar de vida elevado, higiene, transporte, ciencia y entretención; todo esto, que es lo que normalmente designamos como civilización, ha sido nuestra meta. Se responderá que nuestra preocupación por la civilización es muy natural en un tiempo en que la civilización está tan amenazada. ¿Pero qué ocurre si el

---

[296] Lewis, C. S., *First and Second Things*, Collins, Londres, 1985, p. 22.

problema es al revés? ¿Qué ocurre si la civilización está amenazada precisamente porque hemos convertido la civilización en nuestro *summum bonum*? Quizás no se puede salvar de ese modo. Quizás la civilización nunca estará a salvo hasta que nos importe algo más que la civilización»[297]. Quizás el mejor ejemplo de lo que Lewis está intentando explicar es el problema de la paz. Las grandes organizaciones supranacionales han nacido proclamando que la paz en el mundo será su objeto principal. Pero curiosamente, aunque aparentemente se unan todos los esfuerzos de la humanidad en ello, eso no se logra. Y no se logra porque la paz no es el bien supremo; es un bien, pero no el más elevado de los bienes. Y cuando la buscamos como si fuera el más elevado de los bienes, entonces perdemos los bienes que realmente son más elevados y que permitirían la paz. «Sólo podemos conseguir las cosas de segundo rango colocando en primer lugar lo que verdaderamente es primero. De donde se sigue que la pregunta acerca de qué es lo primero no sólo debiera ser una pregunta de interés para los filósofos, sino para todo el mundo»[298]. Cuando las principales inquietudes de un pueblo son políticas, ni la política ni lo superior a ella funcionará bien.

Este «colocar en primer lugar lo que verdaderamente es primero» es dar gloria a Dios. Pero si bien esto es salir en grado sumo de nosotros mismos, no es dejar la búsqueda de gozo que caracteriza a la vida humana. El sumo olvido de nosotros mismos dando gloria a Dios es a la vez la suma realización del hombre. Lewis mismo había tenido dificultades tras su conversión para entender esto. Según cuenta en *Reflexiones sobre los Salmos*, se había visto muy sorprendido por los frecuentes llamados de los Salmos a dar gloria a Dios, llamados de Dios mismo pidiendo gloria. Tal invitación le parecía similar a una mujer vanidosa pidiendo que la elogien, y no podía entender por qué ésa podría ser la actitud adecuada ante Dios y cómo Dios mismo podría estar pidiendo algo semejante. «Pero eso indica que no había entendido el punto más obvio respecto de la alabanza, a Dios o a quien sea. Pensaba en la

---
[297] Ibid., p. 23.
[298] Ibid.

alabanza como en un cumplido, como si fuera dar aprobación o rendir honor. No me había dado cuenta de que el goce espontáneamente redunda en alabanza. [...] Salvo que circunstancias externas intolerables lo impidan, la alabanza es algo así como la salud interior vuelta audible. [...] Ahora creo que nos gozamos en alabar aquello en lo que nos gozamos, porque la alabanza no sólo expresa, sino que completa el goce»[299].

Pero esta suma gloria dada a Dios, gloria en que se da el sumo gozo del hombre, es también la suma herramienta de crítica política de los cristianos. Porque admirar a Dios es estar despierto, es haber entrado al mundo real. Es desde esa perspectiva que los cristianos intentan poner todo el resto en su lugar, es desde este punto que se les abre la mirada para rechazar como idolatría todos los intentos por satisfacer a los hombres con un bien inferior.

2. La comunidad cristiana y la comunidad política

Lo anterior nos obliga a preguntar por las relaciones entre la vida cristiana y la vida política. Porque el cristianismo no constituye simplemente un conjunto de enseñanzas que luego uno pueda aplicar en su propio trabajo, en la política, etc. En parte naturalmente es eso, pero no podemos olvidar que con el mismo cristianismo se constituye un determinado tipo de comunidad, que ya es un lugar donde se realizan dichas enseñanzas. Ahora bien, dado que el cristianismo constituye un tipo de comunidad, y que los cristianos además participamos de las actividades de la vida «secular», no es extraño que siempre la historia del cristianismo haya estado marcada por una cierta vida en dos mundos, en dos comunidades de género bastante distinto. En ocasiones esto se ha vivido como una gran tensión, en otras ocasiones como algo nada problemático. Y si en los momentos de tensión puede existir para los cristianos la tentación de ver el «mundo» como algo que no nos compete, en momentos no problemáticos puede existir la tentación de apenas

---
[299] Lewis, C. S., *Reflections on the Psalms*, Collins, Londres, 1998, pp. 80-81.

distinguir los planos. Con la mirada puesta en esto Lewis es recurrentemente crítico tanto del franquismo como del protestantismo de Ulster. Además, sabía bien que «hay gente tan depravada como para montar algo semejante sin tener siquiera la más remota creencia cristiana»[300], esto es, gente dispuesta a aprovechar políticamente la cohesión social y el fervor de una nación religiosamente unificada, gente dispuesta a usar la religión para fines políticos.

Cuando pensamos en remedios para eso, es naturalmente en la separación de Iglesia y Estado que pensamos. Pero bajo tal separación se puede entender cosas distintas. Se puede, por ejemplo, entender como un llamado a que las iglesias no hablen sobre ciertos temas; o se puede entender como un intento por relegar la fe a lo privado. Ante esos modos de entenderlo Lewis se vuelve sumamente sospechoso. Pues es paradójico, nota, que la religión sea relegada a la vida privada precisamente en un momento en el que el resto de la vida humana se ve tan notoriamente masificada[301]. «Cuando el mundo moderno nos dice a viva voz "puedes ser religioso cuando estés solo", añade en tono silencioso "y me encargaré de que nunca estés solo"»[302]. Hay que velar, pues, porque la separación de Iglesia y Estado no se entienda como tal privatización de la fe. Es por lo demás importante tener presente que la separación entre Iglesia y Estado es precisamente un producto del mundo cristiano, y tal separación tal vez no sobrevivirá ahí donde el cristianismo no sobreviva. Por ello es importante no ser ingenuo: muchos países de tradición cristiana pueden tener en materia de persecución un *pasado* del cual avergonzarse; pero es por lo menos igualmente evidente que muchos países no cristianos —tanto regímenes seculares como de diversas otras religiones— tienen al respecto un *presente* del cual avergonzarse por la persecución del cristianismo y de muchas otras creencias. Y por lo mismo, tal como se vela por la separación de Iglesia y Estado, hay que velar porque el cristianismo

---

[300] Lewis, C. S., *The Collected Letters of C. S. Lewis volume 3: Narnia, Cambridge, and Joy, 1950-1963*, HarperOne, Nueva York, 2007, p. 368.
[301] Lewis, C. S., *The Weight of Glory and Other Addresses*, Macmillan, Nueva York, 1965, p. 119.
[302] Ibid., p. 120.

cumpla un papel en la vida pública. Porque dicha vida pública necesariamente se nutre de algún alimento espiritual: si no se nutre del cristianismo, se nutrirá de otros alimentos, no será simplemente neutral. Cuando la sociedad deja de recibir influencia cristiana, no pasa a una situación neutra, sino que simplemente se somete a otras influencias.

Pero así como hay que hacer aclaraciones respecto de lo que significa una separación entre Iglesia y Estado, hay que hacerlas también respecto de la separación entre los cristianos y el mundo. Pues ésta no es una separación entre dos *lugares* distintos. Hemos visto las advertencias de Lewis contra quienes creen que el hogar, por ejemplo, pueda ser un refugio adecuado contra «el mundo». Muchas veces la mayor brutalidad la vemos ahí. ¿Adónde ir entonces? «La respuesta es preocupante: no hay lugar a este lado del cielo en el cual podamos bajar la alerta. Nunca será aceptable simplemente ser "uno mismo" mientras que "uno mismo" no llegue a ser hijo de Dios»[303]. Y sin embargo, muchas veces es necesaria una separación, evitar el trato con algunos grupos o ambientes. Pero cuando Lewis nos exhorta en esa dirección, no es porque seamos *demasiado buenos* como para juntarnos con «los malos», sino precisamente porque aún somos *insuficientemente* buenos: «No somos suficientemente buenos como para soportar las tentaciones ni suficientemente inteligentes como para responder a los problemas que surgen de una tarde pasada en tal compañía. Nuestra tentación es a justificar, a aprobar, a consentir mediante nuestras palabras, miradas y risas»[304]. Esta es una recomendación de Lewis especialmente adecuada para cristianos que buscan influir sobre la vida pública: cuando oramos «no nos dejes caer en tentación», frecuentemente debiera significar «no me dejes recibir esas gratificantes invitaciones, esos contactos interesantes, esa participación en los brillantes movimientos de nuestro tiempo»[305]. Con Lewis hay que reconocer

---

[303] Lewis, C. S., *God in the Dock. Essays on Theology and Ethics* en *The Collected Works of C. S. Lewis*, Inspirational Press, Nueva York, 1996, p. 494.
[304] Lewis, C. S., *Reflections on the Psalms*, Collins, Londres, 1998, p. 61.
[305] Ibid., p. 63.

que hay sentidos importantes en que el cristiano tiene que vivir en una ruptura con el mundo, y que esa ruptura consiste no sólo en un corazón distinto, sino que muchas veces tiene que significar separarse físicamente. Pero a la vez hay que decir que esa advertencia sólo tiene sentido cuando es entendida como una parte del llamado a estar en el mundo.

Por supuesto no se puede dar recetas sobre cómo lograr mantener equilibrio en esta relación entre los cristianos y el resto de la sociedad. A Lewis mismo la manera en que normalmente se discute esto, centrando la atención en las relaciones Iglesia-Estado, le tiene que haber parecido tremendamente aburrida e irreal. Verdaderamente central es simplemente cómo vivimos nuestra vida. No es el entendimiento mutuo de burócratas civiles y eclesiásticos lo que hace más o menos cristiana a una sociedad, sino personas que viven su fe en cada uno de los trabajos que desempeñan: «El trabajo nos atañe a nosotros, los laicos. La aplicación de los principios cristianos a, digamos, los sindicatos o la educación, debe venir de los sindicalistas o educadores cristianos, del mismo modo que la literatura cristiana viene de novelistas o dramaturgos cristianos... y no de un colegio de obispos que se reúnen para escribir obras de teatro o novelas en sus ratos libres»[306]. Somos los creyentes comunes y corrientes, no las iglesias, quienes tal como otras personas, de otras convicciones, participamos en la vida política. Y si hay algún consejo de Lewis para quienes optan por llevar ese tipo de vida de servicio público, se trata simplemente del consejo agustiniano de no dejarse absorber por dicha tarea como si ella constituyera el bien supremo: «Rescatar a un hombre que se está ahogando es un deber por el que vale la pena morir; pero no es algo por lo que valga la pena vivir. Y me parece que todos los deberes políticos (entre los que incluyo los militares) son de esta naturaleza. Un hombre puede tener el deber de morir por su nación, pero no hay hombre alguno que tenga el deber de vivir exclusivamente por su nación. El que se rinde sin reserva alguna ante los requerimientos temporales de una nación, un partido o

---

[306] Lewis, C. S., *Mero cristianismo*, Andrés Bello, Santiago, 1994, pp. 98-99.

una clase, ése está dando al César aquello que más enfáticamente corresponde a Dios: se está dando a sí mismo»[307].

---

[307] Lewis, C. S., *The Weight of Glory*, Touchstone, Nueva York, 1980, p. 45.

Bibliografía

La presente es una bibliografía restringida a las obras citadas en este libro. Para una bibliografía completa de C. S. Lewis véase Walter Hooper, *C. S. Lewis. A Complete Guide to his Life and Works* (HarperOne, 1998) o Colin Duriez, *The C. S Lewis Enciclopedia: a Comprehensive Guide to His Life, Thought and Writings* (Azure, 2002). Me limito además a las ediciones que he usado, lo cual significa que muchos de los títulos que aquí han sido citados en inglés ya se encuentran traducidos al castellano en diversas ediciones.

Obras de C. S. Lewis

- *Boxen. The Imaginary World of the Young C. S. Lewis*, Harcourt Brace, San Diego, 1986.
- *Cartas del diablo a su sobrino*, Editorial Andrés Bello, Santiago, 1996.
- *Christian Reflections*, Geoffrey Bles, Londres, 1967.
- *Christian Reflections* en *The Collected Works of C. S. Lewis*, Inspirational Press, Nueva York, 1996.
- *Christian Reunion and other Essays*, Collins, Londres, 1990.
- *Crítica literaria. Un experimento*, Antoni Bosch, Barcelona, 1982.
- *El diablo propone un brindis y otros ensayos*, Rialp, Madrid, 1993.
- *El problema del dolor*, Editorial Universitaria, Santiago de Chile, 1991.
- *God in the Dock. Essays on Theology and Ethics* en *The Collected Works of C. S. Lewis*, Inspirational Press, Nueva York, 1996.
- *First and Second Things*, Collins, Londres, 1985.
- *La abolición del hombre*, Andrés Bello, Santiago, 1998.
- *La abolición del hombre*, Encuentro, Madrid, 1990.
- *La alegoría del amor*, Editorial Universitaria, Santiago, 2000.
- *La imagen del mundo. Introducción a la literatura medieval y renacentista*, Barcelona, Península, 1997.
- *Letters of C. S. Lewis*, Collins, Londres, 1988.
- *Letters to an American Lady*, Eerdmans, Grand Rapids, 1987.
- *Letters to Malcolm. Chiefly on Prayer*, Fontana Books, Londres, 1966.
- *Los cuatro amores*, Editorial Universitaria, Santiago, 1999.
- *Mere Christianity*, Collins, Londres, 2002.

- *Mero cristianismo*, Andrés Bello, Santiago, 1994.
- *Milagros*, Encuentro, Madrid, 1991.
- *Of This and Other Worlds*, Collins, Londres, 1982.
- *On Stories and other Essays on Literature*, Harcourt Brace, Nueva York, 1982.
- *Oxford History of English Literature in the Sixteenth Century Excluding Drama*, Clarendon Press, Oxford, 1954.
- *Present Concerns*, Collins, Londres, 1986.
- *Prince Caspian*, Collins, Londres, 2002.
- *Reflections on the Psalms*, Collins, Londres, 1998.
- *Studies in Words*, Cambridge University Press, Cambridge, 2000.
- *Surprised by Joy*, Fontana Books, Londres, 1960.
- *Timeless at Heart*, Collins, Londres, 1987.
- *That Hideous Strength*, Scribner, Nueva York, 1996.
- *The Collected Letters of C. S. Lewis volume 3: Narnia, Cambridge, and Joy, 1950-1963*, HarperOne, Nueva York, 2007.
- *The Last Battle*, Collins, Londres, 2002.
- *The Latin Letters of C. S. Lewis*, St. Augustine's Press, South Bend, 1998.
- *The Magician's Nephew*, Collins, Londres, 2002.
- *The Pilgrim's Regress. An Allegorical Apology for Christianity, Reason and Romanticism* en *The Collected Works of C. S. Lewis*, Inspirational Press, Nueva York, 1996.
- *The Voyage of the Dawn Treader*, Collins, Londres, 2002.
- *The Weight of Glory and Other Addresses*, Macmillan, Nueva York, 1965.
- *They Asked for a Paper*, Geoffrey Bles, Londres, 1962.
- *They Stand Together. The Letters of C. S. Lewis to Arthur Greeves (1914-1963)*, Macmillan, Nueva York, 1979.
- *Till We Have Faces*, Harcourt Brace, Nueva York, 1956.

Obras citadas de otros autores

- Agustín de Hipona, *Obras Completas*, Biblioteca de Autores Cristianos, Madrid.
- Aristóteles, *Ética a Nicómaco*, Gredos, Madrid, 2000.
- Aristóteles, *Política*, Gredos, Madrid, 2000.
- Barfield, Owen y G. B. Tennyson (ed.), *Owen Barfield on C. S. Lewis*, Wesleyan University Press, Middletown, 1989.
- Chesterton, G. K., *Ortodoxia*, Alta Fulla, Barcelona, 1988.
- Engels/Marx, *El manifiesto comunista*, Maxtor, Valladolid, 2007.
- Grabill, Stephen, *Rediscovering the Natural Law in Reformed Theological Ethics*, Eerdmans, Grand Rapids, 2006.
- Hooper, Walter, «Introduction» en Lewis, C. S. *Present Concerns*, Collins, Londres, 1986.
- Kelsen, Hans, *Esencia y valor de la democracia*, Labor, Barcelona, 1934.
- Lewis, Warren, «Memoir of C. S. Lewis», en *Letters of C. S. Lewis*, Collins, Londres, 1988.
- MacIntyre, Alasdair, *Tras la virtud*, Editorial Crítica, Barcelona, 1987.
- Marsden, George, *Understanding Evangelicalism and Fundamentalism*, Eerdmans, Grand Rapids, 1991.
- Martin, Thomas, «Literary Criticism» en *Reading the Classics with C. S. Lewis*, Baker Academic, Grand Rapids, 2000.
- Meilaender, Gilbert, *The Taste for the Other. The Social and Ethical Thought of C. S. Lewis*, Eerdmans, Grand Rapids, 1998.
- Mussolini, Benito, *Diuturna*, Milán, 1924.
- Maquiavelo, Nicolás, *El príncipe*, Losada, México, 2004.

- Platón, *Gorgias*, Gredos, Madrid, 2003.
- Platón, *República*, Gredos, Madrid, 2003.
- Spaemann, Robert, *Lo natural y lo racional: ensayos de antropología*, Madrid, Rialp, 1989.
- Spaemann, Robert, *Philosophische Essays*, Reclam, Stuttgart, 1994.
- Strauss, Leo, *Liberalism Ancient and Modern*, Basic Books, Londres, 1968.
- Trueman, Carl, *Minority Report*, Mentor, 2008.
- VanDrunen, David, *Natural Law and the Two Kingdoms: A Study in the Development of Reformed Social Thought*, Eerdmans, Grand Rapids, 2010.
- Voegelin, Eric, *Nueva ciencia de la política*, Katz, Buenos Aires, 2006.
- Watt, Roderick (ed.), *An Annotated Edition of Victor Klemperer's LTI, Notizbuch eines Philologen*, Edwin Mellen Press, Lewiston, 1997.

www.ingramcontent.com/pod-product-compliance
Lightning Source LLC
Chambersburg PA
CBHW070148100426
42743CB00013B/2849